아라비안나이트

니시오 테츠오 지음 | 문성호 옮김

- 본문 중에 권수를 표시한 것은, 헤이본샤(平凡社)의 도요분코(東洋文庫)판 '마에지마 신지, 이케다 오사무 역' 『아라비안나이트』의 권수입니다.
- 『아라비안나이트』에는 곳곳에 차별적인 시점, 용어가 있습니다만, 이야기가 만들어지고 또한 유럽에 소개되었던 상황을 해설한다는 이 책의 의도에 맞도록, 수정하지 않고 원서의 표현을 답습한 부분이 있습니다. 지역, 시대의 제약을 염두에 두고 이 책을 읽어주셨으면 합니다.

TABLE OF CONTENTS

시작하기 전에
    아라비안나이트의 세계   6
셰에라자드 이야기
    〈액자식 구성〉 자비롭고 자애로운 마음을 지닌 알라의 이름으로   10
상인과 당나귀와 황소 이야기
    셰에라자드의 아버지인 대신이 들려준 이야기   17
현자 두반 이야기 제4야~제5야   20
돌이 되어버린 왕자 이야기 제6야~제9야   23

번역자의 꿈 아라비안나이트 성립의 역사   26
    Column 진 이야기   43
백화요란의 여인들   45

짐꾼과 세 딸 이야기 제9야~제10야   57
첫 번째 탁발승 이야기 제11야~제12야   61
두 번째 탁발승 이야기 제12야~제14야   64
세 번째 탁발승 이야기 제14야~제16야   67
꼽추 이야기 제25야~제34야   71

도시의 생활	88
Column 아라비안나이트와 유대인	101
아라비안나이트 디너	103
Column 아라비안나이트와 커피	117

눈뜨고 일어나는 자 버턴판에서	119
아지즈와 아지자 제113야~제129야	123
카마르 우자만과 부두르 공주 이야기 제171야~제249야	127
흑단마 제358야~제371야	130
바그다드의 요괴 저택 제425야~제434야	135
신드바드 항해기 제537야~제566야	138

바다의 실크로드	147
Column 아라비안나이트의 향기	161
이슬람의 선진 기술	163
Column 알라딘의 램프	175

알라딘과 마법의 램프 별권　　　　　　　　　　　177
황동성 이야기 제567야~제578야　　　　　　　　183
바다에서 온 주르나르 제739야~제756야　　　　　187
바스라의 하산 날개옷을 입은 처녀 제779야~제831야　191
하늘을 나는 양탄자
아메드 왕자와 요정 페리 바누 갈랑판에서　　　　195
알리바바와 40인의 도적 별권　　　　　　　　　199

알라딘 미스테리　　　　　　　　　　　　　　206
　　　　Column 열려라 참깨　　　　　　　　216
아라비안나이트와 오리엔탈리즘　　　　　　　　218

Reading Guide　　　　　　　　　　　　　　228

시작하기 전에

아라비안나이트의 세계

『아라비안나이트』— 천일야화(千一夜話)라는 말을 들으면 가장 먼저 무엇을 떠올릴까. 어릴 적 읽었던, 정신이 아득해질 것 같은 마법 이야기일까. 성인용으로 쓰인 에로틱한 버턴판 등의 이야기를 가슴 두근거리며 읽은 사람이 많을지도 모른다. 하지만 이 이야기 모음을 처음부터 끝까지 읽었다는 사람은 그리 많지는 않을 것이다.

아라비안나이트에는 잡다한 이야기가 가득 채워져 있다. 작가 한 사람의 손에 의한 것이 아니라, 아마도 수백 년을 소비해 여기저기에서 조금씩 이야기를 캐내 모은 것으로 보인다. 최근의 연구에 의하면, 핵이 되는 부분인 '야화(夜話)'는 기껏해야 이백 수십 일 정도가 아니었을까 여겨진다. 이 핵심 부분에는 일본에는 별로 알려지지 않은「꼽추 이야기」등의 걸작도 포함된다. 가장 초기의 이야기가 편집된 곳은 '평안의 도시'라 칭송받던 아바스 왕조의 바그다드였다. 참고로 건설 당시의 바그다드는 몽골군의 침공으로 흔적도 없이 파괴되었고, 현대의 도시는 그 후에 재건된 것이다.

오늘날 볼 수 있는 천일야(千一夜)의 이야기가 담긴 아라비안나이트가 완성된 시기는 사실 잘 알 수 없다. 아마도 근세 이집트가 아닐까 여겨지고 있는데, 아라비아어 사본 형태로는 남아 있지 않다. 심지어 이 이야기 모음집은 아랍 세계에서는 그렇게 높은 평가를 받지 못했다. 대중 취향의 저급한 작품집으로 여겨졌기에 지식인들이 들여다볼 만한 작품은 아니었던 것이다.

하지만 태양왕 루이 14세의 궁정에서 기적이 일어났다. 한 프랑스인 동양학자가 번역한 『천일야(Mille et une nuits) 이야기』가 당시의 베스트셀러가 된 것이다. 태어난 땅에서는 거의 잊혔던 아라비안나이트는 이렇게 근세 유럽에서 재발견되어 새로운 길을 걷기 시작했다. 당시는 이슬람 세계와 유럽 세계의 입장이 역전된 시기와도 겹친다. 오랫동안 공포의 대상이었던 이슬람 세계는 호기심의 대상이 되었고, 유럽에서는 신비한 이야기로 가득한 아라비안나이트의 세계를 열광적으로 받아들였던 것이다.

하지만 재발견된 아라비안나이트는 새로운 시대의 흐름에 농락당하게 되었다. 중동 이슬람 세계를 제패했던 오스만 제국은 이미 쇠락의 조짐을 보이고 있었으며, 유럽에 의한 중동의 식민지화가 막을 올리려 하고 있었기 때문이다. 이러한 시대의 흐름 속에서 아라비안나이트에 오리엔탈리즘의 옷을 입히게 되었다. 유럽의 독자가 아라비안나이트 안에서 본 환상이 문학 세계에서 뛰쳐나와 식민지 지배라는 현실적인 목적과 이어지는 정치적 도구로 이용되게 된 것이다. 이리하여 말도 안 되는 중동, 말도 안 되는 세계에 대한 환상이 멋대로 걸어가버리게 되었다. 근세 이후의 역사에서 아라비안나이트에는 공과 죄가 모두 있었다고 표현할 수도 있다.

그럼에도 최근에는 이 이야기 모음집을 사회 자료로서 다시 읽으려는 움직임도 나타나기 시작했다. 중세 이슬람 세계는 당시 최첨단을 달리는 문화를 자랑했다. 이슬람 세계는 그리스·로마 시대의 유산을 보존하고, 유럽의 르네상스를 물려받은 것일 뿐이라는 견해는 너무나도 표층적일 것이다. 이슬람 세계에서는 독자적인 발전과 개량이 이루어졌으며, 그 성과를 르네상스가 이용했다고 표현하는 쪽이 진실에 가깝다.

아라비안나이트를 낳은 이슬람 세계에서 중세 시대는 정체의 시기가 아니었던 것이다. 당시의 자료 등을 참고하면서 이 이야기 모음집을 주의 깊게 읽는다면, 당시의 민중 생활을 어느 정도까지는 재구성하는 것도 가능하다고 여겨진다.

이 시대는 일본 기준으로 말하자면 헤이안(平安) 시대(794~1185년 또는 1192년-역주) 부터 가마쿠라(鎌倉) 시대(1185~1333년-역주)에 해당한다. 우리의 선조가 원한을 품고 죽은 사람의 혼령이나 전란에 괴로워하며 전력을 다해 살아가던 시대, 멀리 떨어진 바그다드나 카이로 사람들은 어떠한 일생을 보냈던 것일까.

이 책에서는 아라비안나이트에서 몇 가지 이야기를 픽업해 이 이야기 모음집의 전체상을 확인해볼 것이다. 아라비안나이트에는 잘 알려진 알라딘이나 알리바바 이외에도 매력적인 이야기가 잔뜩 들어 있다. 전체로 보면 순리적으로 이야기가 전개되는 서양 근대의 소설과는 굉장히 다르며, 이슬람의 독특한 숙명관이 넘쳐나는 이야기가 많다. 세상의 모든 것이 알라의 마음에 달려 있다는 투철한 세계관은 이치를 따지기에 지쳐버린 현대 일본인의 마음에 오히려 신선하게 비칠 수도 있지 않을까.

　더불어 이 책에서는 아라비안나이트를 통해 보이는 중세 이슬람 사회의 생활에 대해서도 간단히 소개해보려 한다. 현재를 알기 위해서는 과거를 방문해볼 필요가 있다. 일반 일본인에게는 척 보기에는 불가사의하게 보이는 중동 이슬람 세계이지만, 긴 역사를 뒷받침해주는 풍부한 문화와 독자적인 세계관을 지닌 세계라는 것을 생각하게 된다면 저자로서는 더할 나위 없는 행복일 것이다.

셰에라자드 이야기

〈액자식 구성〉
자비롭고 자애로운 마음을 지닌 알라의 이름으로

옛날 옛적, 인도와 중국을 지배하는 사산 왕조(224~651년 존재했던 이란 제국의 지배 왕조-역주)가 번영하던 시절, 샤흐리야르 왕에게는 사마르칸트를 다스리는 샤자만이라는 동생이 있었다. 두 사람은 오랫동안 떨어져 살았으나 세월이 쌓여가는 동안 동생은 형이 만나고 싶어져 아득히 먼 곳에서 형을 찾아갔다. 동생이 도중에 두고 온 물건을 떠올리고 궁전으로 돌아가자 거기서 본 것은 노예와 잠자리를 함께하는 왕비의 모습이었다. 왕은

샤흐리야르에게 이야기를 하기 시작하는 셰에라자드. 곁에 있는 것은 두냐자드. 레옹 카레(Leon Carre)의 그림.

바람의 요염한 모습으로 표현된 셰에라자드. 버지니아 스테릿(Virginia Frances Sterrett)의 그림.

현모양처의 이미지로 그려진 셰에라자드. 에드먼드 둘락(Edmund Dulac)의 그림.

두 사람을 처벌한 후 형의 궁전에 도착하지만, 마음속이 너무 우울하여 제대로 즐기질 못했다. 동생을 걱정한 형은 기분 전환을 하자며 함께 사냥을 떠나기를 권하지만, 동생은 이것을 거절하고 궁전에 머물러 있었다.

터번을 두른 셰에라자드와 두냐자드
(1840년 프랑스어판에서).

형 샤흐리야르 왕이 궁전을 비우자마자 정원에서는 왕비가 정부인 노예와 도가 지나친 난행을 부리고 있었다. 그늘에 숨어 이것을 보게 된 동생은 불운했던 것은 자기 자신만이 아니었음을 깨닫고 마음이 후련해진다.

사냥을 갔다 돌아온 형은 후련해 보이는 동생의 모습을 의아하게 생각했고, 그 이유를 물었다. 동생은 숨기지 않고 목격했던 것을 형에게 밝힌다. 형은 한 가지 책략을 떠올리고 정원을 훔쳐보았고, 사랑하는 왕비의 행적을 보고 말았다. 실의에 빠진 형은 동

형제가 나무 그늘에 숨어 전라의 여성을 바라보는 장면(살리에르가 그린 러시아어 판에서).

셰에라자드 이야기 13

이 셰에라자드는 순진무구한 처녀의 모습으로 그려졌다. 윌리엄 하비(William Harvey)의 그림.

생을 데리고 궁전을 빠져나와 자신들과 같은 경우에 처한 사람들을 찾아 여행을 떠났다.

여행 중에 어떤 샘 옆에서 쉬고 있자니, 머리에 커다란 궤를 얹은 거대한 진(마인, 魔人)이 다가와 형제가 몸을 숨긴 나무 그늘에 누웠다.

진이 궤에서 상자를 꺼내자, 그 상자에서는 한 여자가 모습을 드러냈다. 진이 여자의 무릎을 베고 잠들어버리자, 여자는 나무 위를 올려다보며 두 사람의 왕을 유혹해 자신을 안지 않으면 진을 깨워 공격하겠다고 협박하면서 정을 통하길 원했다.

여자는 570개의 인장 반지를 연결한 염주를 보여주었고, 이것은 지금까지 잤던 남자에게서 기념으로 받은 것이라고 했

호색한의 이미지로 그려진 샤흐리야르 왕. 로데릭 맥크리(Roderick McCrea)의 그림.

14

다. 형제도 여자에게 반지를 주었고, 교대로 여자와 정을 통했다. 여자가 밝히기를, 자신은 혼례를 치른 날 밤에 납치되어 7중으로 자물쇠가 잠긴 상자에 갇혔는데, 여자란 하려고 마음먹으면 무슨 일이든 해낼 수 있는 생물이라고 말했다.

형제는 거대한 진조차 여성에게 배신당했다면서 자신들을 위로하고, 형의 궁전으로 복귀한다. 형 샤흐리야르 왕은 곧바로 왕비와 노예의 목을 쳤고, 그 후로는 단 하룻밤의 아내로 처녀를 맞이하고는 다음 날 아침에는 목을 치기를 반복했다.

이윽고 침실로 맞이할 처녀가 사라지자, 왕은 어디든 가서 처녀를 찾아오라며 대신에게 명했다. 대신은 왕에게 바칠 처녀를 찾았으나, 이제 와서 찾을 방도가 있을 리도 없었다. 대신이 고민하고 있을 때, 아버지의 상태가 이상함을 느낀 딸이 이유를 물었다.

대신에게는 딸이 둘 있었는데, 언

유럽과 미국에서 출판된 아라비안 나이트로는 가장 초기의 삽화.

샤흐리야르가 자기가 지은 죄를 후회하는 마지막 장면.

세에라자드 이야기 15

니는 이름이 셰에라자드, 동생은 두냐자드였다. 둘 모두 용모가 빼어났으며, 특히 셰에라자드 쪽은 만 권의 책을 읽어 폭넓은 교양을 몸에 익혔다.

아버지가 괴로워하는 이유를 알게 된 셰에라자드는 그렇다면 자신이 왕에게 가겠다고 말했다. 아버지는 어떻게든 딸을 말리려 했지만, 셰에라자드의 결의는 흔들림이 없어 결국 왕의 궁전으로 가게 된다. 셰에라자드는 여동생이 함께 가기를 바랐고, 자매는 나란히 왕의 침실로 들어간다.

셰에라자드에겐 어떤 계략이 있었다. 왕의 앞에서 진귀한 이야기, 신비한 이야기를 계속 말해서, 처형 기일을 연기하는 것이었다. 이야기를 재촉하는 역할은 여동생 두냐자드가 하도록 준비했다.

이리하여 1천하고도 1일 밤에 걸친 긴 이야기의 막이 올랐고, 셰에라자드는 자신의 목숨을 건 기구한 이야기들을 계속해서 이야기하게 된다.

상인과 당나귀와 황소 이야기

셰에라자드의 아버지인
대신이 들려준 이야기

어느 곳에 상인이 하나 있었다. 이 사람은 알라의 은혜로 짐승이나 새의 말을 알아들을 수 있었는데, 그 비밀을 타인에게 말하면 죽어야 했다.

상인의 집에서는 당나귀와 황소를 길렀다. 황소가 당나귀에게 가보니, 당나귀는 느긋하게 뒹굴고 있었다. 황소는 매일 혹사를 당해 녹초가 되었기 때문에, 너무 부러워져서 당나귀에게 물었다.

"어떻게 그렇게 느긋하게 지낼 수 있는 거야?". 당나귀가 한 꾀를 알려주기를, "내일부터 3일 정도 병이 든 척하면서 뒹굴고 있으면 돼. 맞아도 차여도 일어나면 안 돼. 아무것도 안 먹고 누

아버지인 대신이 셰에라자드에게 말하는 장면.

당나귀는 녹초가 될 때까지 일하게 되었다. 르네 불(Rene Bull)의 그림.

소는 있는 힘껏 꼬리를 흔들었다. 르네 불(Rene Bull)의 그림.

워 있으면 느긋하게 쉴 수 있으니까."

 황소는 다음 날부터 꾀병을 부려 누워 있었으므로, 대신 당나귀가 일을 하게 되었다. 어느 날, 일을 하고 돌아온 당나귀가 말하기를 "말 한번 잘못하는 바람에 이 고생을 하네. 그건 그렇고 주인 어르신이 그 소는 병이 낫질 않는 모양이니까, 사람을 불러다가 죽여 버리자, 그다음에는 가죽을 쓰자고 하던데?"

그 소리를 들은 소는 다음 날부터 잔뜩 먹고 상인의 눈앞에서 있는 힘껏 최선을 다했다. 상인은 당나귀와 소의 대화를 듣고 사정을 알고 있었기 때문에, 꼬리를 흔들며 열심히 일하는 소를 보고 웃음을 터뜨렸다.

신기하게 생각한 아내가 이유를 물었지만, 비밀을 누설하면 죽어야만 하기에 상인은 아무 말도 하지 않았다. 아내는 굉장히 화가 나서, 당신은 죽어도 되니까 말하라며 억지를 부렸다. 아내에게 거역하지도 못하고 곤란해하던 상인은 어쩔 수 없이 유언장을 만들어 비밀을 말하고 죽을 각오를 했다.

드디어 비밀을 밝히려 했을 때, 집에서 기르던 수탉과 개의 대화가 들려왔다. 개가 수탉에게 말하기를, "우리 주인은 오늘 죽게 되었는데, 넌 전혀 슬퍼 보이질 않는구나." 그 말을 들은 수탉은 "나는 50마리의 암탉을 돌봐야 하는데, 이쪽을 기쁘게 해줬나 싶다가도 저쪽을 발로 차는 식으로 밸런스를 아주 잘 잡고 있지. 그런데 우리 주인은 겨우 부인 하나조차 제대로 다르질 못한다니까. 그런 부인은 두들겨 패면 될 일이야"라고 말했다.

이 말을 들은 상인은 무릎을 탁 치고, 곧바로 아내를 흠씬 두들겨 팼다. 아내는 완전히 후회하면서 용서해달라고 빌었고, 그 후로는 비밀에 대해 캐물으려 하지 않았다.

이리하여 상인과 아내는 죽음이 두 사람을 갈라놓을 때까지 행복하게 살 수가 있었다.

현자 두반 이야기

제4야~제5야

바다에서 건져 올린 항아리에서 진이 출현한다. 에드먼드 뒬락(Edmund Dulac)의 그림.

옛날 옛날, 어떤 곳에 늙은 어부가 살고 있었다. 어느 날 해변에서 그물을 던지고 있었는데, 놋쇠로 된 입구가 긴 항아리가 그물에 걸려 올라왔다. 항아리를 자세히 보니 다윗 왕의 아들 솔로몬의 인장이 찍혀 있었다. 기뻐진 어부는 이 항아리를 시장에서 팔 생각으로, 내용물을 확인하기 위해 봉인을 뜯었다.

그러자 항아리 입구에서 연기가 피어나나 싶더니 곧바로 거대한 이프리트(진=마인의 일종)의 모습이 되었다.

이프리트는 자신이 솔로몬에게 거역하는 바람에 항아리 안에 갇혀 오랜 세월을 지내는 동안에 이 항아리의 봉인을 푸는 사람이 있으면 그 자의 목숨을 빼앗기로 결심했다고 말했다. 하지만 어부의 계략으로 이프리트를 다시 항아리에 가두고, 유난 왕과 현자 두반의 이야기를 들려주었다.

현자 두반의 목 잘린 머리를 보며 책의 페이지를 넘기면…. 존 배튼(John Dickson Batten)의 그림.

옛날, 로마에 유난이라는 왕이 있었다. 왕은 남아도는 재보와 강력한 군대를 보유하고 있었으나, 어렸을 때부터 나병에 시달렸고 백약을 써봐도 낫지 않았다.

어느 날, 박학다식한 두반이라는 현자가 이 나라를 찾아왔고, 비책을 사용해 왕의 병을 치료하는 데 성공했다. 폴로 용 지팡이를 만들고, 그 안에 비약을 장치한 것이다. 지팡이를 쥔 왕의 손이 땀에

1838~41년의 바일판(독일어)에 묘사된 두반의 머리.

현자 두반 이야기 21

젖어 비약이 체내에 흡수되자, 현자 두반은 적당한 시간을 계산해 왕에게 입욕을 권했다. 왕이 몸을 씻자, 오랜 투병의 흔적은 깔끔하게 씻겨나갔다. 왕은 굉장히 기뻐했고, 현자 두반은 큰 보상을 받게 되었다.

하지만 이것을 질투한 대신이 있었다. 대신은 현자 두반을 죽이도록 왕에게 진언했다. 대신의 말을 깊이 생각하지 않고 그대로 받아들인 왕은 현자를 불러들여 목숨을 빼앗으려 했다. 현자는 명운이 다했음을 깨달았고, 하루의 유예를 얻어 자택으로 돌아가 책 한 권에 어떤 장치를 하고는 왕에게 돌아갔다.

죽음을 눈앞에 둔 현자는 비밀의 책을 바칠 테니, 자신의 목을 벤 후에는 자신의 머리를 곁에 두고 책을 읽으면 어떠한 의문에도 대답해줄 것이라 말했다. 왕은 현자의 목을 베고, 그가 말한 대로 책을 읽다가 절명하고 만다. 현자가 왕에게 바친 책에는 독이 묻어 있었다. 침을 손가락에 묻히면서 페이지를 넘겼기 때문에, 책에 묻어 있던 독이 입에 들어간 것이다.

돌이 되어버린 왕자 이야기

제6야~제9야

 어느 나라를 다스리는 술탄의 부엌으로 지금까지 본 적이 없는 빛깔이 고운 물고기가 배달되었다. 요리 담당 하녀가 기름을 부은 냄비에 물고기를 넣고 튀기려 하자, 갑자기 눈 가장자리를 쿠후르(아이새도)로 칠하고, 푸른 술 장식이 달린 두건을 쓴 미인이 나타났다. 미인은 "물고기야 물고기야, 너희는 가르칠대로 잘 지켰느냐"라고 물었다. 몹시 놀란 요리 담당 하녀는 졸도해버렸지만, 기름 냄비에 들어 있던 물고기는 반신을 기울여 "나암, 나암(예, 예)"라고 대답했다.

 술탄은 어떻게든 이 불가사의를 풀고 싶어 했는데, 물고기가 잡혔다는 호수를 찾으러 떠나 호수 옆에 있는 검은 돌과 검은 철로 지어진 저택에 도착한다. 그곳에는 하반신이 돌이 된 아름다운 귀공자가 있었는데, 자신의 기구한 운명에 대해 이야기하기 시작했다.

기름 속에 들어가 있던 물고기들은 "나암, 나암(예, 예)"라고 대답했다. 존 배튼(John Dickson Batten)의 그림.

 귀공자는 검은 섬들을 다스리던

부왕의 뒤를 이어, 아버지의 사촌 동생인 아내를 맞이해 행복한 신혼 생활을 이어갔다. 어느 날, 낮잠 시간이 되어도 잠들지 못한 왕의 귀에 여자 노예들이 소문 이야기를 속삭이는 소리가 들려왔다. 소문에 의하면, 왕비에게는 정부가 있으며, 매일 밤 왕이 쉬기 전에 수면제(반주)를 써서 정부와 잘 지내고 있다는 것이었다.

왕이 약을 먹고 잠든 척했다가 몰래 아내의 뒤를 쫓아가보니, 행선지에는 추한 흑인 노예가 기다리고 있었다. 아내는 무례한 태도로 일관하는 흑인 노예 앞에서 사랑을 갈구하며, 마지막에는 실오라기 하나 걸치지 않은 차림이 되어 불결한 침상으로 들어갔다. 어떻게 돌아가는지 보고 있던 왕은 이성을 잃고 흑인 노예의 목을 베었으나, 숨통을 끊지는 못했다.

술탄이 신비한 물고기를 찾아 검은 섬에 도착하자⋯. 르네 불(Rene Bull)의 그림.

아내는 몸을 크게 다친 정부를 거두어, 전보다 훨씬 더 극진하게 돌보았다. 왕은 아내의 행동을 묵인했으나, 인내심이 한계에 도달해 격렬하게 아내를 비난했다.

분노한 아내는 마법으로 왕의 하반신을 돌로 바꾸어버렸다. 그것만으로 그치지 않고, 마을을 호수로, 주민들은 물고기로 바꾸어버린 것이다. 마을에는 무슬림, 크리스찬, 유대교도, 조로아스터교도가 살고 있었는데, 무슬림은 흰색, 크리스찬은 파란색, 유대교도는 노란색, 조로아스터교도는 빨간색 물고기가 되었다.

아내는 마을 사람들을 네 가지 색의 물고기로 바꾸어버렸다. 찰스 폴카드(Charles Folkard)의 그림.

왕을 방문한 이국의 술탄이 이 이야기를 듣고 굉장히 분개해 왕으로 변장하자, 왕과 도시에 걸려 있던 마법이 풀리고 불륜을 저지른 남녀는 심판을 받았다.

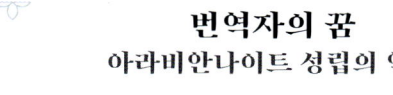

번역자의 꿈
아라비안나이트 성립의 역사

어렸을 때 읽은 『아라비안나이트』 중에서 어떤 이야기가 가장 인상에 남았을까. 답은 사람마다 다를 테지만, 「알라딘」, 「알리바바」, 「신드바드」 중 하나를 드는 사람이 많지 않을까. 아니면 여기에 「하늘을 나는 양탄자」라거나, 「마법의 말」을 넣는 사람이 있을지도 모른다.

아라비안나이트에는 수수께끼가 많다. 미리 비밀을 공개해버리자면, 지금 말한 이야기들은 모두가 원래 아라비안나이트에는 들어가 있지 않았던 게 아닌가 여겨진다. 그중에서도, 아라비안나이트 중 가장 인기 있는 스타인 알라딘의 내력에 대해서는 지금도 확실한 것은 알 수 없다. 알라딘에 대해서는 나중에 자세히 알아볼 것이므로, 여기서는 이 거대한 이야기 모음집의 개요와 성립 역사를 간단히 돌아보기로 하자.

아라비안나이트란

아라비안나이트는 『천일야(1,001일 밤)화』로 알려져 있으며, 그 제목 그대로 1,001일 밤 동안의 야화가 수록되어 있다. 각각은 독립된 이야기이지만, 셰에라자드라는 젊은 여인이 말하는 야화의 내용을 기초로 계속해서 이야기가 이어진다. 아주 짧고 소박한 이야기가 있는가 하면, 이야기 속에 이야기가 들어가고, 그 이야기가 새로운 이야기를 낳는 복잡한 마트료시카 인형 같은 구조의 이야기도 있다.

이집트 시나이반도에서 수제 악기에 맞춰 이야기하는 베두인의 시인. 미즈노 노부오(水野信男) 씨가 촬영한 것.

샤흐리야르 왕은 가장 사랑하던 왕비가 불륜을 저지르는 장면을 목격하고 분노한 나머지 왕비를 처형한다. 그 후, 왕은 심각한 여성 불신에 빠져 처녀를 불러들여 하룻밤을 함께 지내면 다음 날 아침에 그녀의 목을 베기를 되풀이하게 된다. 왕을 모시는 재상에게는 셰에라자드라는 딸이 있었는데, 어떻게든 왕의 마음을 돌리기 위해 스스로 지원해 왕의 침실로 가게 된다.

셰에라자드는 자신의 목숨을 걸고 한 계책을 꾸미고, 날이 밝을 때까지 계속 이야기한다. 다음 이야기가 듣고 싶어진 왕은 처형을 딱 하루만 미루기로 한다. 그런데 다음 날 밤에도, 그다음 날 밤에도 이야기는 계속된다.

셰에라자드는 이렇게 1,000일하고도 하룻밤 동안 계속 이야기를 하는데, 그러는 동안 굳어 있던 왕의 마음도 풀렸고, 자신의 냉혹한 행위를 후회한 왕은 셰에라자드를 왕비로 맞이하며 대단원의 막을 내린다.

아라비안나이트 안에는 수많은 이야기가 담겨 있으며, 오랫동안 다양한 이야기를 여기저기에서 긁어모아 지금과 같은 형태가 된 것으로 여겨진다. 전체적으로는 한 사람의 이야기꾼이 말하는 것으로 되어 있으나, 각 이야기 무리가 유기적으로 연결되어 커다란 테마를 이루는 것은 아니다. 오히려 상호간에 아무런 관계도 없는 각각의 설화가 모인 커다란 이야기 모음집이라고 이해하는 편이 좋을 것이다.

 굉장히 잘 정리된 문학 작품이 있는가 하면, 우스개나 세상 돌아가는 이야기 종류도 있다. 한 명의 작가가 쓴 것이 아니기 때문에 수록 시기에 따라서 작품 내용도 달라지며, 아바스 왕조(8~13세기) 바그다드 시대의 작품과 파티마 왕조(10~12세기) 이집트의 작품은 이야기의 구성과 질적인 면에서 상당한 차이가 있다. 작화 시기에 따라서는 이교도에 대한 편견을 느끼게 하는 것도 있는 듯하다.

종이에 남긴 기록

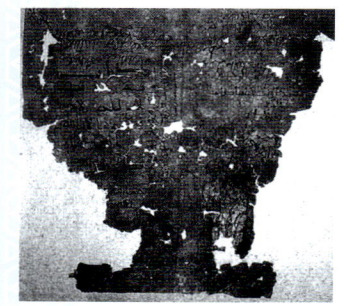

종이에 적힌 아라비안나이트 단편. 이야기 앞부분이 기록되어 있다(9세기).

 현존하는 가장 오래된 아라비안나이트 사본은 9세기에 만들어진 단편으로 여겨진다. 이 단편이 발견된 것은 그리 오래된 일이 아니다. 1947년, 미국 시카고대학교 동양연구소가 이집트에서 구입한 고문서 중에 있었던 것이다. 이집트라고 하면 파피루스가 당연한 것처럼 여겨지지만, 문제의 단편은 종이에 적혀 있다. 아랍어로 적힌 제목은 '키타브 피히 하디스 알프 라일라(kitab Fihi Hadith alf laylah)』', 즉 '천의 밤과 이야기의 책'이다. 여기에는 익숙한 셰에라자드가 등장하는 초반 이야기 15줄이 기록되어 있으며, 디냐자드가 시라자드에게 "잘 거 아니면 이야기를 해줘"라고 조른다.

일반적으로는 서력 751년에 벌어진 탈라스 전투(당나라가 탈라스를 침공해 벌어진 전투-역주)가 계기가 되어 중국의 제지법이 서쪽으로 전파되었다고 한다. 실제 전파는 그렇게 단순한 것은 아니었을 것으로 여겨지지만, 일단 이 연호를 기준으로 생각해보면 제지법이 전해진 후 100년 정도 사이를 두고 최초의 아라비안나이트가 종이에 필사된 것이 된다. 이 단편은 연대가 명기된 아랍 세계의 종이로는 가장 오래된 현존 자료인데, 아라비안나이트가 친숙한 것이었음을 나타내는 증거라고 할 수도 있을 것이다.

아바스 왕조의 칼리파(이슬람권에서 보편적으로 군주를 칭하는 말-역주)인 하룬 알라시드(재위 786~809년)를 모셨으며, 아라비안나이트에서도 활약하는 재상 자파르 알바르마크는 종이 보급에 힘을 쏟았다. 행정 문서 용지를 양피지에서 종이로 바꾼 것은 이 사람이었다고 한다. 아바스 왕조 시대에는

아바스 왕조 최전성기의 칼리파 하룬 알라시드. 르네 불(Rene Bull)의 그림.

전서구에 의한 통신이 번성했다. 이런 사정도 종이 보급에 관계가 있다. 통신문을 기록한 종이를 비둘기 날개나 목에 매달았던 모양이다.

참고로, 도요분코(東洋文庫)판 아라비안나이트의 번역자인 마에지마 신지는 미국 유학 중에 이 고사본을 볼 기회를 얻어, 이때의 감동이 아라비안나이트를 번역하겠다고 생각하는 계기 중 하나가 되었다고 회상했다.

현존하는 문헌 자료에 의하면, 이후 아라비안나이트 같은 이야기는 9세기의 연대기 작가 알마수디(Al-Mas'udi)의 『황금의 목장(The Meadows of Gold)』에 등장한다. 마수디에 의하면, 페르시아나 인도, 그리스 전래 동화가 담긴 『하자르 아프사네(Hezar Afsan)』(중세 페르시아어로 『천 개의 이야기』)라 불리는 이야기 모음집이 있으며, 이것이 아랍어로 번역되어 『알프 라일라(천의 밤)』가 되었다고 한다. 마수디에 의하면, 이 『하자르 아프사네』에는 왕, 대신, 대신의 딸, 그 노예 등이 등장한다고 한다.

지식의 전통

마수디와 거의 같은 시대에 살았던 이븐 알나딤(Ibn al-Nadim)도 이것과 비슷한 기록을 남겼다. 이 사람은 서점의 주인이었다. 당시에는 인쇄 기술 같은 게 없었기 때문에 책은 전부 손으로 베껴 썼다. 글자를 아는 사람들의 비율 문제를 별개로 하더라도, 누구나가 손쉽게 책을 읽을 수 있었던 것은 아니다. 개인이 소장하는 경우는 적었고, 대부분의 사람들이 도서관이나 대본소를 이용했다. 이슬람교에는 지식을 중시하는 가르침이 있으며, 역대 군주들드 학문을 장려했다.

아바스 왕조의 바그다드에는 세계에 자랑할 만한 대도서관이 있었다. 또한 '지혜의 관'이라 불리는 대형 번역센터가 설립되어 그리스·로마를 시작으로 하는 선인들의 유산이 차례로 아랍어로 번역되었다. 중세 유럽에서는 기독교로 말미암아 고전 및 고대의 전통이 단절되었기 때문어, 학문을 추구하는 사람들은 아랍어 문헌을 통해 지식을 흡수하는 수밖에 없었던 것이다. 르네상스로 시작되는 서구의 근대 문명은 근원을 따라가보면 이 시대의 바그다드에 도달한다고 할 수 있을 것이다. 훗날 몽고군이 이 도시를 강습했을 때, 이런 대도서관도 재와 먼지가 되었다. 티그리스강에는 엄청난 숫자의 사본이 버려졌으며, 녹아내린 잉크 때문에 강물이 다양한 색으로 물들었다는 여기도 전해져온다. 역사를 돌아보면, 바그다드가 '평안의 도시'라는 이름 그대로의 행복을 누릴 수 있었던 것은 아라비안나이트 시대뿐이었던 건지도 모른다. 창설 당시의 바그다드는 원형으로 된 훌륭한 계획도시였던 것으로 알려져 있다.

이런 이븐 알나딤이지만, 아랍의 지식인답게 이야기 종류에는 냉담했다. 문제의 그 『알프 라일라』에 대해서는 '지리멸렬한 얘기뿐이

중세 아랍 세계의 도서관. 당시의 대형 문화센터였다.

므로 읽어도 즐겁지가 않다' 같은 기록을 남겼다. 뒤집어보면, 이런 코멘트를 남겼다는 것은 마지막까지 이 이야기 모음집을 읽었다는 소리일 것이다. 의외로 날이 밝는 것도 모르고 등불 아래에서 완전히 몰두해 문자를 따라갔던 건지도 모른다.

아라비안나이트 혹은 아라비안나이트 같은 이야기 모음집은 이후에도 산발적으로 기록에 등장하는데, 그 숫자는 결코 많지 않다. 이 이야기 모음집이 어떻게 성립되었는지는 아직도 확실하게 알려져 있지 않다.

유럽으로의 소개

이슬람 세계의 지식인은 아라비안나이트를 별로 대단하게 여기지는 않았다. 그런 탓도 있어서, 이 이야기 모음집이 태어난 고향에서 어떤 처지였는지 자세한 내용은 알 수 없다. 현재 알려져 있는 것들만으로 미루어보면, 그다지 폭넓게 읽히거나 회자되지는 않은 것으로 보인다. 아라비안나이트의 번역자로 유명한 레인이나 버턴도 아라비안나이트에 대해 실제로 이야기하는 장면을 본 경험은 거의 없었던 것 같다.

하지만 18세기 프랑스에서 기적이 일어났다. 이 이야기 모음집이 갑자기 베스트

앙투안 갈랑(Antoine Galland, 1646~1715년)의 초상화.

셀러가 된 것이다. 베스트셀러로 만든 사람은 장사 혼이 넘치는 상인이 아니었다. 학구열에 불타는 인생을 보내던 동양학자가 아라비안나이트를 루이 14세의 궁정에 데뷔시킨 것이다.

아라비안나이트를 유럽에 처음으로 소개한 사람은 앙투안 갈랑이라는 동양학자였다. 본국인 프랑스라면 모르지만, 일본에서는 그의 이름이 그다지 알려져 있지 않다. 하지만 갈랑판 아라비안나이트는 출판 직후부터 유럽 각국의 언어로 번역되었으며, 독서인은 물론이고 대중들의 읽을거리로 계층을 가리지 않고 폭넓은 사랑을 받았다.

프랑스 북부, 롤로 마을에 세워진 갈랑의 흉상.

갈랑이 태어난 것은 파리 근교의 롤로라는 시골 마을이었다. 현재 롤로의 중앙 광장에는 갈랑의 흉상이 세워져 있다. 갈랑은 귀족 출신은 아니었으나 어학에 재능이 있었고 성실한 성품이었던 모양이다. 젊었을 때 외교 사절이 된 귀족의 수행원으로 동방으로 건너가 어학과 그 외의 학문을 갈고닦았다. 아랍어는 물론이고 그리스어, 헤브라이어, 오

오스만투르크에 의한 빈 포위.

번역자의 꿈 33

스만투르크어 등에 능통했으며, 아랍 산문 문학의 걸작으로 여겨지는 동물 우화 『칼릴라와 딤나(Kalīla wa Dimna)』를 오스만투르크어에서 프랑스어로 번역하기도 했다.

당시의 중동 이슬람 세계는 커다란 전환기에 놓여 있었다. 세계를 리드하던 황금시대의 화려함은 희미해졌고, 기세가 오른 유럽을 앞에 두고 쇠퇴의 길을 걷고 있었다. 오스만 제국에 의한 빈 포위 실패(1683년)가 양자의 명암을 가르는 하나의 전기가 되었다고 한다. 당시의 유럽에 이슬람 세계는 빛나는 문화를 자랑하는 지역이었으며, 심지어 일방적으로 두려워해야 하는 상대가 아니었다. 갈랑은 일류 동양학자들이 집결해 편찬한 『비블리오테크 오리엔탈(Bibliothèque Oriental)』(서양 최초의 이슬람 백과사전) 속에서 이슬람 문화에 대한 칭찬을 아끼지 않았다.

갈랑은 중동에서 오래 생활했는데, 중동 체재 시에 아라비안나이트 사본을 접해보았다는 흔적은 없다. 아니 그 정도가 아니라 아라비안나이트라는 이야기 모음집이 존재한다는 것조차 알지 못했던 것처럼 보인다. 갈랑은 소위 말하는 '공부밖에 모르는 바보 학자' 타입의 사람이 아니라, 이슬람 문화 전반에 폭넓게 관심을 가졌다. 귀족을 수행하는 통역으로 중동으로 건너가 고대 화폐나 장식품을 수집하는 과정을 겪기도 해서 커피에 대해 유럽 언어로 적힌 것으로는 최초의 문헌인 「커피의 기원과 발전(De l'origine et du progrès du café)」 같은 논문도 남겼다.

갈랑이 번역한 『아라비안 나이트』(1704~17년) 초판본.

신드바드와 아라비안나이트

갈랑은 프랑스로 귀국한 후인 1690년대에 「신드바드 항해기」의 사본을 입수했다. 「신드바드」를 손에 넣은 정확한 일시는 알 수 없지만, 이 책은 1698년에 번역이 끝났다. 「신드바드」 번역을 마친 갈랑은 곧바로 아라비안나이트 번역에 착수했다. 인맥을 이용해 시리아계 아라비안나이트 사본(3권 혹은 4권)을 이미 입수해두었던 것이다. 갈랑판 아라비안나이트 첫 번째 권은 1704년에 간행되었다.

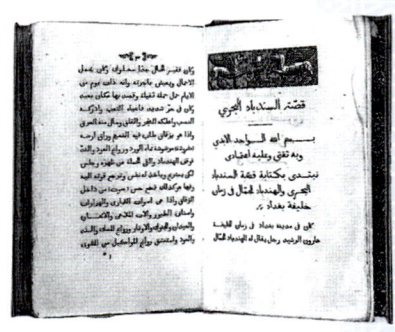

「신드바드 항해기」의 최초의 인쇄본. 루이 마슈 랑글리의 교정과 번역. 1814년, 파리.

자 그럼, 어떤 경위로 오해가 발생했는지는 알 수 없으나 갈랑은 이 「신드바드」가 『아라비안나이트(천일야)』의 장대한 이야기의 일부라고 철석같이 믿었던 모양이다. 아라비안나이트 첫 번째 권에는 이미 번역을 마친 「신드바드 항해기」가 『아라비안나이트』라는 커다란 이야기 모음집의 일부라는 것을 알았기 때문에, 이 전집에 포함하기로 했다고 확실하게 적혀 있다. 갈랑판 아라비안나이트 제1권과 제2권에는 「유리 상자에 갇혀버린 여자 이야기」, 「당나귀와 황소와 농부 이야기」, 「암탉과 수탉 이야기」, 「마물과 상인 이야기」, 「어부 이야기」, 「왕의 아들인 세 명의 탁발승과 바그바드의 다섯 아가씨 이야기」가 수록되어 있다. 제목은 조금씩 다르지만, 기본적으로는 도요분코판 아라비안나이트와 같은 구성이다.

에드워드 윌리엄 레인(Edward William Lane, 1801~76년). 화가로서도 기량이 우수했다.

하지만 「신드바드 항해기」가 아라비안나이트의 일부라 믿었던 갈랑은 이어지는 3권에 「신드바드」를 집어넣고 말았다. 갈랑에게는 또 하나 커다란 오해가 있었던 것 같다. 즉, 아라비안나이트, 그러니까 천일야화라는 제목 그대로 1,001일 밤 분량의 이야기를 집대성한 것이라고 믿었던 듯하다. 갈랑판 아라비안나이트는 미완성인 채로 끝났지만, 갈랑은 어떻게든 '완전판 천일야화'의 사본을 입수하려고 온 힘을 기울였던 모양이다.

최근의 견해로는 이 오해가 아라비안나이트의 운명을 결정한 것으로 여겨진다. 갈랑판 아라비안나이트가 상업적으로 성공한 점도 컸다. 출판업계가 베스트셀러에 우르르 몰려가 단물을 빨아먹으려고 하는 것은 예나 지금이나 다를 것이 없다.

아라비안나이트 중에서도 걸작이라 일컬어지는 이야기가 차례로 탄생했던 아바스 왕조 시대에 책이란 개인이 소장할 수 있는 것이 아니었다. 하지만 시민사회가 급성장했던 프랑스나 영국에서는 중류층 시민도 저렴한 가격에 책을 구할 수 있게 되어 있었다. 갈랑판 아라비안나이트는 출판 직후부터 각국의 언어로 번역되었다. 이 시대는 페로(Perrault, Charles)의 동화집 등이 출판된 시기와 겹치며, 그때까지 없었던 새로운 타입의 공상 이야기들이 인기를 모으고 있었다.

산업화가 진행되는 중이던 영국에서는 '챕북(chapbook, 행상인들이 팔고 다니던 소설이나 시 등의 싸구려 소책자-역주)'이라 불리는 민중본(民衆本)이 돌아다니게 되었다. 갈랑의 아라비안나이트는 곧바로 영어로 번역되어 챕북 형태로 서민층에서 널리 읽히게 되었다. 태어난 고향에서는 그다지 주목받지 못했던 아라비안나이트는 이렇게 유럽에서 '재발견'된 것이다.

동방에 대한 꿈

  아라비안나이트는 갈랑판을 통해 유럽 사람들이 공유하는 교양이 되었다. 심지어 갈랑판이 도중에 끝나버렸기 때문에 남은 부분이 기록된 사본을 찾으려 하는 사람들도 많았다. '완전판 아라비안나이트' 사본을 발견해 번역한다면 학문적인 명예는 물론이고 금전적인 보상도 기대할 수 있었던 것이다. 성실하게 노력하는 사람이 있는가 하면 약삭빠르게 위조본을 만들어 잇속을 챙긴 자도 있었다. 아라비안나이트의 연구는 그들 때문에 터무니없이 복잡한 길을 걷게 되지만, 지금은 위조본을 만든 사람들의 정체도 거의 밝혀져 있다. 범인 찾기의 전말에 대해서는 알라딘을 다룬 장에서 알아보도록 하자.
  갈랑판 아라비안나이트가 출판되고 거의 1세기 후, 유럽과 중동 세계의 입장을 결정적으로 역전시키는 사건이 발생했다. 나폴레옹의 이집트 원정이다.
  이 원정은 군사적으로는 실패로 끝났지만, 문화사적인 의미로 말하자면 끝을 알 수 없을 정도의 영향을 남겼다. 이 때문에 유럽의 압도적인 우위가 명백해졌으며, 식민지화 준비가 이루어졌기 때문이다. 그 결과, 동방에 대한 꿈이 식민지 경영이라는 형태가 되어 결실을 맺게 되었다. 동방에 대한 동경은 이미 동경에 그치지 않고, 오리엔탈리즘이라는 틀 속에 유럽과 이슬람 세계 쌍방을 가둬버렸던 것이다.

아라비안나이트와 관련해 말해보자면, 이 이집트 원정이 계기가 되어 카이로 근교의 불라크(Boulaq)에 아랍 세계 최초의 인쇄소가 만들어졌다는 것을 특필할 수 있겠다. 이 불라크 인쇄소에서 최초로 인쇄된 책 중 하나가 아라비안나이트였다.

현재까지 인쇄·출판된 주요 아랍어 아라비안나이트는 전부 네 종류이다. 빠른 순서로, 캘커타(Calcutta) 제1판, 브레슬라우(Breslau)판, 불라크판, 캘커타 제2판이다. 이 중에서 캘커타 제1판은 거의 전해지지 않는다. 애초에 소량만 인쇄되었는데, 유럽으로 수출할 책들을 실은 배가 침몰해버린 것이다. 브레슬라우판은 산재되어 있던 사본들을 잘라 붙여 만들어낸 것으로, 자료적 가치는 낮다고 평가된다. 마지막으로 인쇄된 캘커타 제2판은 현재로서는 가장 완비된 것으로 여겨지며, 버턴이나 도요분코판 아라비안나이트는 이것을 기초로 삼았다.

이상은 모두 아랍어로 된 인쇄본이지만, 모두가 갈랑의 번역판 이후에 출판된 것이다. 즉, 갈랑의 번역 작업이 없었다면 이런 아랍어판이 세상에 나올 일은 없었던 것이다.

갈랑 이후의 번역자들

유럽에서는 갈랑 이후에도 수많은 번역자가 동방의 꿈을 좇았다. 초역(원문의 일부만을 뽑아서 번역한 것-역주)과 부분 번역 등을 포함하면 끝이 없지만, 주요 번역자들을 꼽아본다면 시대 순으로 레인, 페인, 버턴, 마르드루스 순이 될 것이다. 마지막의 마르드루스(Joseph-Charles Mardrus) 이외에는 영어 번역이다. 각각의 특징이 있지만 '(갈랑은 아이들 방에) 레인은 도서관에, 페인은 서재에, 그리고 버턴은 하수구에'라는 평가가 자주 인용된다. 레인은 따분하지만 견실하고, 페인은 난해하지만 우아하며, 버턴은 에로틱한 부분의 과장이 너무 심해서 천박하다는 이유에서였다. 일본에서 번역된 것 중에는 버턴과 마르드루스가 잘 알려져 있는데, 아랍어 원전을 기준으로 생각해본다면 양쪽 모두 번역에 문제가 있는 것으로 여겨진다.

버턴, 마르드루스 모두 성적인 과장이 심하다는 점이 종종 지적을 받아왔다. 버턴의 주석은 그야말로 주석을 위한 주석인 느낌이 있으며, 어째서 이런 설명이 필요한지 고개를 갸웃거리게 되는 부분도 많다. 하지만 이야기 자체에 눈

리처드 버턴 경(Sir Richard Francis Burton, 1821~90년). 그의 풍모는 '턱은 악마고 이마는 신' 같았다고 한다.

조제프 샤를 마르드루스(Joseph-Charles Mardrus, 1868~1949년)

레인판 아라비안나이트(1838~41년)

을 돌려보면 과장된 표현이 눈길을 끌지만, 일부의 예외를 제외하면 극단적으로 창작한 것은 아니다. 하지만 마르드루스판에는 원전에 없는 부분의 창작이 두드러진다. 극단적인 경우에는 자작 이야기를 삽입하기도 했다.

마르드루스판은 아랍어 학자들에게는 호된 평가를 받았으나 일반 독자들은 호의적으로 받아들였다. 마르드루스의 손을 거친 아라비안나이트는 오리엔탈리즘의 정수라 표현해야 할 작품이 되었다. 아라비안나이트의 가이드북을 쓴 로버트 어윈(Robert Irwin)은 "(마르드루스판은) 뒤늦게 나온 세기말 취향의 작품이며… 환상의 동양의 화상"이라 평했다.

'환상의 동양의 화상'은 현실 사회에서는 식민지 지배라는 형태로 결실을 맺었다. 이슬람 세계를 시작으로, 식민지가 된 지역은 다 짊어질 수 없을 정도로 많은 과거의 오점을 지금도 끌고 가고 있다. 한 사람의 번역가가 동방에 대해 품었던 꿈이 근대사의 굴곡에 농락당하면서 생각지도 못했던 모습으로 변신해버린 것이다.

아이들의 세계로

아라비안나이트는 갈랑, 레인, 버턴, 마르드루스 등의 번역 덕분에 서양 사람이라면 모르는 사람이 없는 문학이 되었다. 19세기 서양에서는 공업의 발전과 함께 중산층 계급이 성장했으며, 아동문학 면에서도 커다란 전기가 있었다. 처음에는 챕북이라 불리던 저렴한 민중본 형태로 돌아다녔으나, 경제력을 길러온 중류층은 자신들의 라이프스타일에 맞는 자녀 교육을 바라게 되었고, 이렇게 아동문학이라는 장르가 확립되어갔다. 판타지 색이 짙은 아라비안나이트는 그러기 위한 절호의 소재가 되었다. 아라비안나이트에는 에로틱한 장면이 가득하기 때문에 그대로 아이들이 읽게 할 수는 없었다. 그래서 교훈적인 의도로 다시 쓰인, 아이들을 위한 작품이 세상에 나오게 되었다.

19세기 초기의 글래스고(스코틀랜드)에서 출판된 신드바드 챕북.

프랑스에서 갈랑판이 간행 중이던 1706년 영국에서는 『아라비안나이트 엔터테인먼트』라는 제목으로 갈랑판의 번역이 이루어졌다. 아라비안나이트라는 통칭은 이때의 영어 제목에서 유래했다. 갈

빅토리아 시대의 트레이딩 카드. 신드바드가 커피를 마시는 모습.

랑판의 번역은 그 후에도 계속되었으나 모두가 '그럽 스트리트(Grub Street)물(삼류 작가가 다시 쓴 작품)'이라 불리는 조잡한 번역이었다.

1811년, 조너선 스콧(Jonathan Scott)이라는 영국인이 갈랑판 아라비안나이트를 '제대로 된' 영어로 번역했다. 이후, 차례로 출판된 어린이용 아라비안나이트의 토대가 된 것이 바로 이 스콧판이다.

번역자의 꿈 41

후술하겠지만 일본에서 최초로 번역된 아라비안나이트의 토대가 된 것은 스콧판을 토대로 어린이용으로 다시 쓴 타운젠트판이었다. 19세기 이후 영국에서는 아동문학 명작이 차례로 발표되었는데, 그 배경에는 아라비안나이트에서 영향을 받았음이 지적되고 있다. 영국만이 아니라 소년 시절의 안데르센이나 괴테도 자국어로 번역된 아라비안나이트에 친숙했다.

이렇게 아라비안나이트는 어린이용 이야기로서 지위를 확립하고 문학의 세계를 뛰쳐나갔다. 요즘 식으로 말하자면 '팝업 그림책'이 만들어졌고, 마임극이나 만화경의 제목이 되기도 했다. 마임극으로 공연된 〈알라딘〉은 영국에서는 〈신데렐라〉와 함께 최고의 인기가 있었다. 알려진 바로는 코번트 가든 극장에서의 상연(1788년)이 최초로 여겨진다. 단, 영국에서 상연되어온 〈알라딘〉은 갈랑판과는 약간 달라서, 악역에 아바나자르라는 이름이 붙었다. 마임극 〈알라딘〉은 중국인이라는 설정이 되었기 때문에 디즈니 영화를 본 영국 아이들은 아랍풍 〈알라딘〉에 당황스러워했다고 한다.

시대가 더 지나면 이미 민간에 확실하게 뿌리를 내린 아라비안나이트는 영화라는 새로운 매체에 최고의 소재를 제공하게 된다. 1905년의 조르주 멜리에스(Georges Méliès)가 만든 《천야일야 이야기》를 신호탄으로, 아라비안나이트에서 소재를 찾은 영화는 수없이 많다. 최근에는 드림웍스의 애니메이션 영화 《신밧드: 7대양의 전설(Sinbad: Legend of the Seven Seas)》이 있다.

Column

진 이야기

디즈니 영화 《알라딘》에서는 주인공 알라딘보다 램프에서 나온 지니가 뭐든지 하는 대활약을 보인다.

이 지니(진)라는 것은, 중동 전역에서 예로부터 믿었던 초자연적인 존재로 다양한 이야기에 얼굴을 내민다. 아라비안나이트 제1야의 「상인과 마왕 이야기」에서는 상인이 던진 대추야자 씨앗을 맞은 진의 아들이 죽어버리고 만다. 진은 모습을 감추거나 변신하는 것도 가능했다.

이슬람 세계에서는 진이 상상 속의 괴물이 아니었다. 코란(Koran, 이슬람교의 경전. 발음은 꾸란에 가까우나 국내에서 대중적인 표기는 코란이다-역주)이 그 존재를 증명해주기 때문이다. 코란에는 '진 중에는 주님의 허락을 얻어 그 앞에서 일하는 자도 있었으나, 우리의 명령을 외면하는 자도 있었다. 이런 자들에게는 업화의 징벌을 맛보게 하였다'(34장 12절)라는 절이 있다.

진 중에서 영락한 토착신의 모습을 볼 수 있을지도 모른다.

진은 다양한 종류가 있다. 위력별로 분류되기도 하며 마리드, 이프리트, 샤이탄 등의 이름이 붙어 있다. 이 밖에도 묘지에 등장하는 구울(Ghoul)이라는 진이 잘 알려져 있다. 이 진은 죽은 자의 고기를 먹는 것으로 되어 있으며, '시귀(屍鬼)'로 번역되는 경우가 많다.

Column

항아리 속에서 나타난 진. 르네 불(Rene Bull)의 그림.

좀 특이한 진으로는 '카비카주'가 있다. 이 진은 독서를 좋아하는 사람들에게는 수호신이라고도 할 수 있는 든든한 존재였다. '카비카주'란 사본을 먹어치우는 벌레를 조종하는 진이다. 어떤 모습을 했는지까지는 알 수 없다. 사본 중에 '카비카주'의 이름이 기록된 것이 있다. 이 진의 이름을 사본에 적어두면 효과가 있다고 믿었기 때문이다.

참고로 '카비카주'라는 단어는 현대 아랍어에도 있다. 의미는 '라넌큘러스(Ranunculus)'. 라넌큘러스는 남서아시아와 동유럽이 원산지인 미나리아재비속에 속하는 식물인데, 피부에 닿으면 염증을 일으키는 라넌쿨린이라는 독 성분을 지녔다. 이 독 성분이 벌레를 막은 건지도 모르지만 정확한 이유는 알 수 없다.

백화요란의 여인들

　아라비안나이트에는 다양한 여성이 활약한다. 남자 주인공을 제쳐놓고 사실상 주인공이 되는 이야기도 많다. 남자보다 씩씩한 공주가 있는가 하면, 순애를 바치는 처녀도 있고, 악녀나 간부(姦婦)라는 표현이 어울리는 여성도 있다.

　아라비안나이트는 한 명의 작가가 모은 이야기 모음집이 아니며, 각각의 이야기는 인도, 페르시아, 메소포타미아, 아랍, 그리스 등과 연관이 있음이 지적되고 있다. 따라서 아라비안나이트의 여성상이라고는 해도 모체가 되는 이야기와의 관계, 회자된 시기나 지역에 따라 크게 차이가 있다.

　이슬람의 사고방식을 따른다면 남편은 아내를 깊은 애정을 담아 보호해야 하며, 아내는 남편을 성심성의껏 모셔야 한다. 하지만 여성 쪽에서 보자면, 모셔야 하는 남편이 도저히 어떻게 할 수 없는 최악의 남자일 경우 불운하다고 할 수밖에 없다. 이야기를 지면에 기록해 후세에 전해온 것은 대부분이 남성이었을 것이며, 중세 아랍 세계의 여성상을 충실하게 재현했다고 하기는 어려울 것이다.

　이슬람 세계의 여성에게는 할렘과 베일이라는 키워드가 따라다니는 경우가 많고, 자유를 속박당하고 생활해왔다는 이미지가 강하다. 개인 재산의 소유 등에 관해서는 같은 시대의 유럽 여성보다도 훨씬 큰 권리가 인정되었지만, 근대 이전의 이슬람권에서 여성

다양한 색깔의 베일을 쓴 중세의 여성들.

들은 억압을 받는 지위를 감수해온 경우가 많았다.

하지만 아라비안나이트 전체를 보면 한심한 남자들을 무시하면서, 화려하고 강하게 살아온 여성의 모습이 두드러지는 것은 부정할 수 없다. 여기서는 몇 가지 이야기를 돌아보며 백화요란의 여주인공들을 알아보도록 하자.

남자보다 씩씩한 공주

아라비안나이트에는 페르시아의 전통을 계승하는 사랑 이야기가 몇 가지 수록되어 있다. 대표적인 이야기로는 「앗사이프 알아자므 샤의 왕자 아즈다시르와 압둘 알카디르 왕의 딸 하야트 안느프스 공주의 사랑 이야기」(제14권), 「타지르 무르크와 두냐 공주 이야기」(제5권) 등이 있다.

이슬람이 흥성하기 이전, 현재 이라크가 있는 지역은 사산 왕조 페르시아의 영토였다. 바그다드라는 지명도 이란계 단어에서 유래되었다고 한다. 아바스 왕조의 성립에 이슬람으로 개종한 페르시아인이 크게 공헌했기 때문에, 아라비안 나이트 초기의 이야기가 페르시아의 영향을 크게 받은 것은 당연한 수순이었을 것이다.

이런 이야기에는 공주의 이름을 듣기만 하거나 초상화를 보기만 하고도 열렬한 사랑에 빠지는 왕자가 등장한다. 페르시아의 왕자 타지르 무르크는 두냐 공주가 만든 영양 자수를 보기만 했는데 아무런 맥락도 없이 공주를 사랑하게 된

쇼핑을 하는 여성. 제다(사우디 아라비아)의 거리에서.

다. "아닙니다, 아바마마… 제가 원하는 건 저 영양 자수를 만든 바로 그 사람입니다. 무슨 일이 있어도 저 사람을 제 것으로 만들고 싶습니다. 그렇지 못한다면… 목숨을 끊을 생각입니다."

하지만 왕자가 사랑에 빠져 안달하던 그 공주는 어떤가 하면 엄청난 남성 혐오자였던 것이다. "아바마마가 어떻게든 나를 결혼시키려고 하신다면 그 상대를 죽여버리지요" 같은 말을 내뱉곤 했다. 왕자는 상인으로 꾸미고 머나먼 공주의 나라를 찾아가 어떤 노파를 통해 연애편지를 전한다. 연애편지를 받은 공주의 반응은 "대체 무슨 이유로 비천한 자들과 같은 처지가 되어서, 어디 사는 누군지도 모르는 남자와 함께하라는 거지? 대체 무슨 소리를 하는 거야! 분해라!"였는데, 도저히 규중의 공주로는 보이지 않는다. 심지어 타지르 무르크를 동정해서 연애편지 심부름을 맡았던 노파를 화풀이로 심하게 괴롭힌 다음 길거리로 내쫓아버리고 만다.

하지만 그런 말괄량이 공주님도 타지르 무르크를 한번 보자 '공주를 속박하던 주문의 사슬이 스르륵 풀려 왕자의 사나이다움과 늘씬한 몸매에 몸도 마음도 완전히 빼앗겨 분별도 제대로 하지 못하고 솟아오르는 뜨거운 마음뿐'인 상태가 된다. 두 사람은 순조롭게 맺어지고, 이야기는 해피 엔드로 막을 내린다.

무용을 자랑하다

「아다트마 공주와 페르시아 왕자 이야기」(제13권)에는 남자를 싫어하는 데다 무술로도 남자들을 압도하는 공주가 등장한다. 이 공주는 "검이든 창이든 싸워서 저를 이길 수 있는 분이 아니라면 결혼할 생각은 없습니다. 그분이 제게 이긴다면 기꺼이 결혼하지요. 하지만 만약 제가 이긴다면 그분의 말도 무기도 옷도 전부 제가 갖겠습니다. 그리고 이마에는 '이자는 아다트마의 해방노예다'라고 낙인을 찍도록 하겠어요"라고 말하며 위세를 떨쳤다.

페르시아의 왕자 바후람이 만난 적도 없는 공주에게 사랑에 빠져 무수한 재보를 가지고 구혼했다. 만나보니 바후람은 꽤 강인한 남자이기도 하여 아다트마 공주가 불리해진다. 그래서 공주는 베일을 벗어던지고 맨얼굴을 드러낸다. 왕자는 아다트마 공주의 빼어난 용모에 혼을 빼앗겨 한순간의 빈틈을 허용해 패배해버리고 만다.

하지만 왕자도 잠자코 물러나지는 않았다. 노인으로 변장해 정원에 숨어들어 공주의 관심을 끌고 강제로 자신의 것으로 만들어버린다. 공주는 간단히 마음을 바꾸어 왕자와 함께 페르시아로 향하게 된다.

남자보다 씩씩한 귀부인을 제압해 아내로 만든다는 전개는 「니벨룽의 노래」에도 등장하는데, 이 아다트 공주의 이야기는 「니벨룽의 노래」처럼 음참한 복수극으로 이어지지 않고, 완전히 맑은 하늘처럼 뒤끝 없는 결말이다.

바그다드의 사랑 이야기

앞서 말한 것처럼, 아바스 왕조의 바그다드에서는 페르시아계의 지식인이 큰 영향력을 지니고 있었다. 아라비안나이트로 유명한 바르막(Barmak) 가문도 페르시아계였다. 8세기가 되자 코란 연구의 필요성이 대두되면서 아랍어 문법 정비가 필요해졌는데, 이 시기에 활약한 것도 페르시아계 문법 학자였다. 이렇게 아랍어는 세계적으로 가장 풍요로운 언어 중 하나가 되었으며, 다양한 고급 어휘가 탄생해 페르시아어에도 영향을 미쳤다. 페르시아 문학도 이슬람 이후에 비약적인 발전을 보였다.

현대 아랍어와 페르시아어는 모두 같은 문자(아라비아 문자)로 표기되는데, 아랍어와 페르시아어는 전혀 다른 계통의 언어이다. 당연하지만 문화적인 전통도 다르며, 양쪽 사이에는 대항 의식도 강했다.

단도를 손에 쥐고 춤추는 무르야나. 알리바바에서. 존 배튼(John Dickson Batten)의 그림.

그 때문인지 아닌지 확실하지 않지만, 당시(9~10세기) 바그다드에서 만들어진 연애소설에는 페르시아계 모티브는 등장하지 않는다. 대표적인 연애 이야기는 「누르 딘 알리와 아니스 잘리스 이야기」(제13권), 「사랑에 미친 노예 가님 이븐 아이유브 이야기」(제3권), 「알리 빈 바카르와 사무스 운 나하르 이야기」(제6권), 「니이마 빈 알라비와 여자 노예 누움 이야기」(제7권) 등이 있다.

이런 이야기는 페르시아계 연애 이야기와는 달리, 실제로 얼굴을 보고 첫눈에 반한 남녀가 순애를 관철하는 전개이다. 이러한 순애 테마는 이슬람 이전부터 아랍 유목민 사이에서 이야기되던 모티브를 이어받은 것으로 보인다. 고대 아랍계 연애 이야기에서는 연인들이 죽어버리는 경우가 많았는데, 바그다드 시기에 만들어진 것들의 대부분은 소수의 예외(「알리 빈 바카르와 사무스 운 나하르 이야기」)를 제외하면 해피 엔딩이다.

순애를 바치는 처녀

남아돌 정도의 재산을 이어받았음에도 사람이 너무 좋아서 영락해져버린 누르 딘에게는 아름다운 노예 아니스가 있었다. 길거리에 내쫓기기 직전까지 몰린 누르 딘을 차마 그냥 두고 볼 순 없었던 아니스는 자신을 노예 시장에 팔아달라고 말했다.

"주인님, 이런 건 어떨까요. 지금 당장 준비를 하시고 저를 시장에서 팔아주세요.… 알라의 가호가 있다면 다시 뵙게 될 수도 있겠지요."

누르 딘은 그 말대로 아니스를 시장에 데리고 가지만, 돌아가신 아버지의 숙적이 헐값에 아니스를 사려고 하는 바람에 버티지 못하고 대판 싸움을 벌이고 만다. 바스라에 있을 수 없게 된 연인들은 티그리스강을 거슬러 올라가 바그다드로 도망친다. 처음 가보는 땅이라 잘 모르는 바람에 길을 잃고 칼리파인 하룬 알라시드의 궁궐 후원에 들어가버리지만, 아니스의 재능과 연인을 생각하는 건강함에 감동한 칼리파의 관대한 처분으로 행복한 결말을 맞이한다.

「알리 빈 바카르와 사무스 운 나하르 이야기」는 연인들의 죽음으로 막을 내린다. 이 이야기는 페르시아 왕가의 피를 이어받은 귀공자와 하룬 알라시드

중세 아랍 사본에 묘사된 가희.

가 총애하던 비를 둘러싼 슬픈 사랑 이야기로 아라비안나이트 중에서도 굴지의 명작으로 여겨져왔다. 바그다드의 어떤 가게에서 우연히 마주친 두 사람은 숙명적인 사랑에 빠지지만, 칼리파의 총애하는 비쯤 되면 밀회도 쉽지 않다. 친절한 조력자 덕분에 순간의 밀회를 즐기는 것까지는 좋았지만, 끓어오르는 마음에 애를 태우던 양쪽 모두 젊은 나이에 목숨을 버리고 만다.

학문을 익힌 여자 노예

아라비안나이트에는 학식이 풍부한 여성이 다수 등장한다. 아랍 세계에서는 문학적 교양을 중시했으며, 그중에서도 시를 최고의 문학 형식으로 여겨왔다. 구어적 표현이 많은 아라비안나이트를 지식인들이 거들떠보지 않은 것은 이런 사정과도 관계가 있다.

이슬람 이전의 사회를 '자힐리야(Jahiliyyah, 사전적인 의미로는 무지. 신에 대해 무지한 상태를 가리킨다-역주)'라 부른다. 문자 그대로 '빛이 비치지 않는 시대'라는 의미이다. 이름 그대로 '빛이 없는' 시대이지만, 야만스럽고 비문화적인 사회였던 것은 아니다. 이슬람 이전의 아랍 유목민 사회에서도 시는 최고의 교양이었다. 부족마다 훌륭한 시인이 있었고, 전투의 무훈과 연인들의 이야기를 노래했다.

남성 시인만 있는 것이 아니라, 여성 시인도 있었다. 당시 여성 시인들의 작품만 모은 시집이 남아 있을 정도이다. 죽은 자를 추도하는 만가는 여성 시인들이 부르는 경우가 많았다.

아라비안나이트에서는 훌륭한 학식이 드러나는 여자 노예가 활약한다. 이슬람에는 노예제도가 있었는데, 대부분은 가내 노동자나 군사 노예(맘루크, Mamluk)이며 남북전쟁 당시 미국의 노예제도와는 근본적으로 달랐다.

이슬람법에는 빚을 담보로 노예로 삼는 것이 금지되어 있었으며, 여자 노예에게서 태어난 아이라 해도 주인의 승인이 있으면 자유인이 될 수 있었다. 아바스 왕조 제일의 문인이라 일컬어지는 자히즈의 조부는 해방된 흑인 노예였다고 전해지며, 하룬 알라시드의 궁정 가수(훗날 이베리아반도로 건너가 안달루시아 음악의 기초를 쌓았다)로서 음악사에 이름을 남긴 지르얍(Ziryab)도 해방된 흑인 노예였다. 시대가 흘러 맘루크 왕조 시대에는 예외적인 일이긴 하지만 여성 노예에서 술탄이 된 여성도 있었다. 말할 것도 없겠지만, 현재 이슬람 국가들에서 노예제도는 법적으로 금지되어 있다.

여성 노예라 해도 그 처지는 다양했는데, 아라비안나이트에서는 학문이나 예술에 빼어난 여성들이 활약한다. 시장에서 비싸게 팔기 위해 여성 노예들은 어렸을 때부터 노래와 춤만이 아니라 온갖 학문을 익혀야 하는 경우도 있었다. 앞서 알아보았던 아니스도 그런 여성 노예 중 하나였다. "시장에서 시세는 금 1만 디나르입니다만, 주인께서 말씀하시기를 1만 디나르 따위로는… (본전도) 제대로 건지지 못한다고 합니다. 그렇게 말씀하시는 것도 일리가 있는 게, 이 아이는 서예와 문법학, 언어학에다 코란학, 법학의 오의에 신학, 의학, 연대학을 갈고닦았으며 심지어 악기의 명수이기도 하답니다."

학문을 익힌 여자 노예라면, 타와두드(「여자 노예 타와두드 이야기」 제7권)보다 위는 없을 것이다. 그녀는 칼리파 하룬 알라시드 앞에서 늘어선 남성 학자들과 지식을 겨루었으며, 그들 전원을 굴복시켰다. 그녀는 당시 알려져 있던 천문학에 대한 지식과 난해의 극치였던 법학 이론을 당당히 과시했다. 심지어 우드(현악기)의 명수였으며, 상으로 칼리파에게 받은 악기를 멋지게 연주해냈다.

간부(姦婦)·악녀

아라비안나이트를 물들이는 것이 젊고 아름답고 현명한 여자들만 있는 것은 아니다. 누구보다도 사랑해주는 남편을 아무렇지도 않게 배신하는 아내도 있다. 애초에 아라비안나이트란 사랑하는 아내에게 배신당한 왕의 실망에서 시작된 이야기인 것이다. 여성의 사악한 지혜를 다루는 테마는 아라비안나이트가 최초인 것은 아니다. 인도가 기원인 것으로 여겨지는 「신티파스(Syntipas) 이야기」는 「7현인 이야기」로 로마 세계에도 퍼졌는데, 이 이야기에서는 남자를 배신하는 부실한 여자들을 둘러싸고 스토리가 전개된다. 「상인 압드 알라흐만과 그 아들 카마르 아자만 이야기」(제18권)는 비교적 새로운 시대의 이야기로 여겨지지만, 서툴지도 모르지만 성실한 사랑을 바치는 남편 따위는 아랑곳도 하지 않고, 무서운 기세로 불륜을 향해 달리는 아내가 등장한다.

카마르 아자만은 바스라에서 온 다르위시에게서 더할 나위 없

중세의 사본에 묘사된 시바의 여왕.

이 아름다운 유부녀의 이야기를 듣고, 어떻게 해서든 만나보고 싶다고 생각하게 된다. 머나먼 바스라로 가서 연줄을 만들어, 예의 그 미녀에게 접근하는 데 성공한다. 페르시아의 공주는 멀리서 찾아온 모르는 남자 따윈 전혀 상대할 생각도 없었지만, 이 유부녀는 "하룻밤만이라니 절대로 싫어. 하루든 1개월이든 1년이든 만족할 수 없어요. 평생 당신 곁에 있고 싶어요. 조금만 기다려주세요. 당신을 위해서… 계획을 세워서 두 사람의 꿈을 실현해보아요"라고 말하고는 이혼하기 위한 책략을 생각해낸다.

그 책략이란, 옆집에 빠져나갈 구멍을 파는 것이었다. 이 트릭은 그리스에 선례가 있는데, 기원전 3세기의 문학 작품에 같은 형태로 등장한다. 만난 적도 없는 미녀에게 갑자기 사랑에 빠져 아득히 먼 곳으로 가는 것은 페르시아계 연애 이야기의 약속 같은 것이었다. 카마르 아자만의 이야기에는 15세기 말에 처음으로 아랍 사회에 들어온 것으로 알려진 커피가 등장하기 때문에 이 이야기는 16세기 이후의 이집트에서 만들어진 것으로 여겨진다. 아라비안나이트의 무대가 바그다드에서 카이로로 옮겨질 때쯤에는 이야기의 패턴이 바닥났던 건지도 모른다.

결국 이 불륜 아내는 성공적으로 남편의 재산을 가로채 그대로 바그다드로 가는데, 최후에는 신의 벌이 내려져 추격해온 남편의 손에 처벌당한다.

짐꾼과 세 딸 이야기

제9야~제10야

바그다드에서 짐꾼 일을 하는 남자가 있었다. 어느 날 말을 걸어줄 쇼핑 손님을 기다리고 있으니, 금실로 수를 놓은 옷을 입은 아가씨가 가까이 다가왔다. 짐꾼은 아가씨의 쇼핑을 따라다니면서 시리아의 사과, 오만의 복숭아, 알레포의 재스민, 다마스쿠스의 수련, 이집트의 레몬, 피스타치오 열매, 포도, 아몬드, 무샤바크(Mushabak)·카타이프(Kadayif)·사브니야·아쿠라스·라키마토 등의 과자류, 장미 향수, 수련 향수, 버드나무 향수 등을 저택까지 운반해 주게 된다.

저택에 도착한 아가씨가 베일을 벗자 꽃처럼 아름다운 하얀 이마, 아네모네처럼 붉은 뺨, 가젤 같은 검은 눈동자, 라마단(Ramadan, 이슬람교에서 단식과 재계를 하는 달-역주)의 달처럼 우아하고 아름다운 눈썹, 산호처럼 붉은 입술, 진주 같은 치아, 석류를 나란히 놓은 것 같은 가슴이 나타났다.

이 저택에는 미녀 세 자매가 살고 있을 뿐 남자의 기척은 없는 것처럼 보였기에, 짐꾼은 시에 대한 이야기를 나누면서 자매와 친해

산더미 같은 짐을 가지고 따라갔더니, 저택에는 세 명의 아름다운 아가씨들이 있었다. 레옹 카레(Leon Carre)의 그림.

아가씨들은 옷을 벗더니 샘물 속으로 뛰어들어 장난을 치기 시작했다. 앨버트 레치퍼드(Albert Letchford)의 그림.

진다. 사치스러운 술잔치가 열리자 차례로 술기운이 돌았고, 서로 장난을 치는 동안 한 아가씨가 옷을 벗어던지고 정원의 샘물 속으로 몸을 던졌다. 그러더니 자신의 은밀한 곳을 가리키며 수수께끼를 냈다. 이윽고 두 번째, 세 번째 아가씨도, 마지막에는 짐꾼까지 옷을 벗어던지고 샘물 속에서 장난을 즐겼다.

"이게 뭐게?", "당신의 자궁이지요." "어머, 그런 말을 하고 부끄럽

짐꾼과 세 딸 이야기 59

지도 않아?!", "당신의 옥문입니다", "어쩜 이렇게 음흉하담!", "당신의 음부입니다." "정말 저급한 사람이네!", "당신의 질입니다", "질렸다!", "그럼 뭐라고 불러야 하는 겁니까?", "둑을 뒤덮은 바질 덤불이잖니!"

"그럼, 제 이건 뭡니까?", "너의 새잖아.", "아니지, 이건 흥분한 당나귀요. 둑에 있는 바질 덤불을 정말 좋아하거든."

물속에서 치는 장난도 지겨워지자 술잔치의 장소를 옮겨 식사를 즐기면서 연애 이야기로 시간을 때우게 되었다. 이윽고 문을 두드리는 소리가 들렸고, 페르시아에서 왔다는 세 사람의 탁발승이 하룻밤만 재워달라고 간청했다. 탁발승은 셋 모두가 왼쪽 눈이 짓뭉개져 있었다. 저택으로 들어오게 된 탁발승들은 자신들의 기구한 신세에 대한 이야기를 시작했고, 바그다드의 저택에서 시작된 유쾌한 장난 세계가 신비한 이야기로 이어진다.

첫 번째 탁발승 이야기

제11야~제12야

"저는 어떤 나라의 왕의 아들 이었습니다만, 숙부가 다스리는 마을을 방문해 오래 머무르는 관습이 있었습니다. 어느 날, 평소 사이가 좋았던 사촌 동생이 베일을 쓴 여성과 함께 저를 찾아와서는, 어두워지면 같이 묘지로 가줬으면 좋겠다고 하는 겁니다. 묘지로 가니, 두 사람은 묘를 판 구덩이 안으로 들어가버렸습니다. 사촌 동생이 말하기를, 자신들이 안으로 들어가면 원래대로 뚜껑을 닫고 흙을 뿌려서 누구도 모르게 해달라고 했습니다. 그 말대로 해주긴 했지만 후

한쪽 눈을 잃은 세 탁발승이 신비한 이야기를 시작한다(19세기 중반).

회하는 마음에 사로잡혀, 다음 날부터 그 묘의 장소를 찾아봤지만 어찌된 일인지 그 장소를 전혀 알 수 없었습니다.

대체 무슨 짓을 저질러버린 거냐면서 마음도 갈기갈기 찢어져버렸고, 아버지가 계신 곳으로 돌아가는 길을 서두르게 되었습니다. 하지만 도중에 습격을 당해 고향으로 연행되었고, 오랜 적인 재상 앞으로 끌려갔습니다. 사실 재상은 모반을 일으켜 아버지인 왕을 죽이고, 자신이 권력의 자리에 올랐던 겁니다. 옛날 불운한 사고 때문에 재상의 한쪽 눈을 빼앗은 적이 있는데, 재상은 지금이야말로 복수할 때가 왔다는 듯이 제 왼쪽 눈에 손가락을 찌르더니 후벼 파내고 말았습니다. 그리고 가신들에게 들판에서 저를 베어버리도록 명령했는데, 다행히도 자비를 얻어 숙부에게 갈 수 있었습니다.

묘지로 가니 두 남녀는 묘 안으로 들어갔다. 스탠리 우드(Stanley Wood)의 그림.

숙부는 행방을 알 수 없는 아들의 신변을 걱정하고 있었습니다. 이번에는 다행히도 묘의 장소를 알 수 있었고, 숙부와 함께 묘 안으로 들어갔습니다. 묘 안에는 불이라도 난 것처럼 연기로 가득했습니다만, 좀 지나 넓은 공간에 도착하니 다양한 식량과 함께 덮개가 있는 커다란 침대가 있었습니다. 그리고 그 침대 위에는 서로 껴안은 남녀가 재가 된 것처럼 새까맣게 탄 모습으로 누워 있었던 겁니다. 당황한 숙부의 말을 들어보니, 이 두 사람은 친남매지만 금단의 사랑에 빠져 이러한 말로를 맞이하게 된 것이었습니다.

  놀랄 틈도 없이 부왕을 죽인 재상의 근대가 숙부의 마을을 공격해왔고, 기습을 당한 마을은 손 쓸 틈도 없이 적에게 함락당해버리고 말았습니다. 혼란 속에서 숙부는 목숨을 잃었고, 저는 인상을 바꾸기 위해 머리를 깎아버리고 마을을 탈출했습니다. 그러는 동안 바그다드에 도착했고, 앞날을 걱정하는 동안에 저와 마찬가지로 한쪽 눈을 잃은 이 두 분 탁발승과 만나게 된 것입니다."

두 번째 탁발승 이야기

제12야~제14야

"저는 어느 나라 왕의 아들이었습니다만, 부왕의 사자가 되어 인도로 여행을 떠났습니다. 바다를 건너 육지에 도착해 여행을 계속하는 동안 베두인(Bedouin, 사막지대에서 유목 생활을 하는 아랍인-역주)들에게 가진 것을 모두 빼앗기고 어느 마을에 도착했습니다. 그 마을은 부왕의 원수가 다스리는 곳이었습니다. 저는 나무꾼으로 꾸미고 장작을 패며 생활하고 있었습니다만, 어느 날 땅에 묻힌 나무 미닫이문을 발견하고 지하로 내려갔습니다.

거기에는 세상에서 쉽게 볼 수 없는 미녀가 있었고, 그녀와 다정하게 하

베두인에게 쫓겨 간신히 도망쳤지만…. 스탠리 우드(Stanley Wood)의 그림.

마법에 능통한 공주는 단번에 원숭이의 정체를 간파했다. 스탠리 우드(Stanley Wood)의 그림.

룻밤을 보냈습니다. 그런데 이 미녀는 이프리트(진, 마인의 일종)의 정부였던 겁니다. 모습을 드러낸 이프리트는 미칠 듯이 분노해 여자를 추궁했습니다만, 여자는 저에 대한 절개를 지켜 입을 열려고 하지 않았습니다. 결국 이프리트는 검을 휘둘러 여자의 사지를 베어 버렸습니다. 여자는 임종하면서 제가 있는 쪽으로 시선을 보내며 눈으로 이 세상에서의 작별을 고했습니다. 그걸 본 이프리트는 더욱 격앙했고, 저를 원숭이 모습으로 바꿔버렸습니다.

운 좋게 뱃사공이 저를 건져 배에서 생활하게 되었는데, 인간의 모습일 때 익혔던 서예 실력은 녹슬지 않아서 다양한 서체로 시를 적어두고 있었습니다. 그러는 동안 어떤 마을의 왕에게 헌상되게 되었습니다. 그 왕의 공주는 마법 기술에 능통해 저를 한번 보더니 정체를 간파했습니다.

  왕은 저를 인간의 모습으로 되돌리기를 원했기 때문에, 공주는 주문을 외우기 시작했습니다. 그러자 그 이프리트가 무시무시한 형상으로 나타났나 싶더니, 순식간에 사자의 모습으로 변해 공주를 습격했습니다. 공주가 머리카락을 풀어 검으로 바꾸더니, 그 검으로 사자를 찌르자 사자는 전갈이 되었고, 공주는 뱀의 모습이 되어 사투를 벌였습니다. 이렇게 한쪽이 독수리가 되면 다른 한쪽은 솔개가 되었고, 한쪽이 검은 고양이로 변하면 다른 한쪽은 늑대개의 모습이 되는 것을 반복하는 동안, 이프리트는 석류가 되어 흩어졌고, 공주는 암탉이 되어 흩어진 석류를 쪼아 먹었습니다. 싸움은 그 후에도 계속되어 양쪽 모두 불을 뿜는 격투가 되었는데, 이프리트가 방출한 불꽃이 제 한쪽 눈에 튀어 눈을 망가뜨리고 말았습니다.

  하지만 공주가 이프리트를 태워 죽여준 덕분에, 다시금 인간의 모습으로 돌아올 수 있었습니다. 하지만 공주는 이프리트와 서로를 치게 되어 마성의 불꽃에 불타버렸고, 한줌의 재가 되어버렸습니다. 왕의 탄식은 심상치 않았고, 저는 그 나라를 떠나게 되었습니다. 그러는 사이에 바그다드에 도착했고, 저와 마찬가지로 한쪽 눈을 잃은 이 두 분의 탁발승과 만나게 된 것입니다."

세 번째 탁발승 이야기

제14야~제16야

"저는 어느 나라 왕의 아들이었습니다만, 부왕께서 돌아가신 후 왕위를 이어받으니 타고난 항해를 좋아하는 기질이 고개를 들었고, 배를 준비해 바다로 떠났습니다. 하지만 20일도 지나지 않아서 자석의 섬에 표류하게 되었습니다. 이 섬은 섬 전체가 자석으로 되어 있었고, 철이란 철은 모두 빨아들여버립니다. 섬에 있는 산꼭대기에는 구리 기사상이 있었습니다. 꿈에서 계시하기를, '내 다리 밑에서 화살을 파내 구리 기사상을 쏴라. 다른 구리 상이 노를 젓는 배가 올 테니 그걸 타고 평안의 바다로 가거라. 단, 한마디도 해서는 안 된다'고 했습니다. 저는 그대로 따랐지만, 평안의 섬들을 눈앞에 두고 너

이 섬은 자석으로 만들어져 있어서 철이란 철은 모조리 빨아들여버렸다. 스탠리 우드(Stanley Wood)의 그림.

무나 기쁜 나머지 알라의 이름을 찬양하고 말았습니다. 그 즉시 배는 전복되었고, 계속 헤엄치는 동안 어떤 해변에 표류하게 되었습니다.

이윽고 저 멀리에서 배가 와서는, 부자로 보이는 노인과 소년이 흑인 노예를 데리고 내렸습니다. 노예들이 땅을 파자, 땅속으로 통

바다로 배를 띄웠으나 자석의 섬 때문에 대파되어버리고 말았다. 레옹 카레(Leon Carre)의 그림.

하는 문이 나타났고 식량을 휴대한 소년만이 거기로 들어가는 겁니다. 머지않아 노인과 노예는 섬을 떠났습니다. 문을 열고 안으로 들어가니, 미려한 가구가 완비된 곳에 아까 그 소년이 있었습니다. 소년이 밝히기를, 자신은 어떤 나라의 공자인데 구리 기사를 쏜 자의 손에 의해 15세에 목숨을 잃는다는 예언이 있었기에 이렇게 몸을 숨겼다고 하는 거 아니겠습니까. 저는 그런 일은 있을 수 없다고 맹세하고, 진심을 담아 소년을 돌보았습니다.

어느 날 소년이 설탕을 뿌린 수박을 원해서 나이프를 찾고 있었는데, 발이 미끄러지는 바람에 나이프가 소년의 가슴을 찔렀고 불길한 예언대로 되고 말았습니다. 알라께서 정하신 것은 반드시 그대로 되는 겁니다.

썰물이 되었기에 육지로 건너가 계속 걷는 중에 화염처럼 빛나는 진주 궁전에 도착했습니다. 거기에는 노인 한 명과 왼쪽 눈을 잃은 젊은이가 열 명 살고 있었습니다. 젊은이들은 아름다운 얼굴을 숯으로 검게 칠했고, 쓸데없는 짓을 하는 바람에 이런 처지가 되었다고 하면서 탄식했습니다. 호기심을 억누르지 못해 이유를 물었습니다. 그들은 숫양의 가죽을 벗기더니 그 안으로 들어가라고 재촉했습니다. 그리고 루프라 불리는 거대한 새가 찾아와 숫양의 가죽을 붙잡고 어느 산 위에 내려놓을 것이라 했습니다. 거기에는 신비한 궁전이 있으니 안으로 들어가보라는 것이었습니다.

저는 그 말대로 신비한 궁전에 도착해 안으로 들어가니 그 안에는 만월처럼 아름다운 미녀 40명이 있었습니다. 한마디로 말하자면, 그 성에서 1년 동안 여자들을 상대로 환락의 낮과 밤을 보냈습니다.

어느 날, 미녀들은 성을 떠나게 되어 제게 방 열쇠를 넘겨주었습니다. 이 성에는 40개의 방이 있지만, 40번째 방은 절대로 열어서는 안 된다고 하는 겁니다. 첫 번째 방부터 순서대로 열쇠를 열어보니, 모든 방이 이 세상의 것이라 여겨지지 않을 정도로 정성이 깃든 멋진 방이었습니다.

도저히 호기심을 억누르지 못해 당부를 어기고 40번째 방을 열었더니, 너무나도 좋은 냄새에 정신이 아득해져버렸습니다. 정신을 차리고 안으로 들어가니 칠흑색 말이 서 있었습니다. 말에 올라타자 생각할 겨를도 없이 말은 곧바로 날개를 펴고 허공으로 날아올랐고, 저를 떨어뜨려버리고 말았습니다. 말에서 떨어진 장소에는 전의 그 외눈 젊은이들이 모여 있었는데, 저를 동료로 받아줄 수는 없다는 겁니다. 할 수 없이 머리를 깎고 정처 없이 헤매는 동안 바그다드에 도착했고, 앞날을 걱정하다 보니 저와 마찬가지로 한쪽 눈을 잃은 두 사람의 탁발승과 만난 겁니다."

꼽추 이야기

제25야~제34야

이야기의 발단

옛날 옛날, 중국에 손이 큰 재봉사가 있었다. 어느 날 아내와 함께 외출했다가 꼽추를 만나 함께 먹고 마시자고 청했다. 남자는 기꺼이 재봉사의 집까지 동행했고, 재봉사는 시장에 가서 생선 튀김과 과자 등을 사왔다.

식사 준비가 다 되자 재봉사의 아내는

시장에서 즐거운 듯한 꼽추 남자를 만나 집으로 초대하기로 했다. 로버트 스머크(Robert Smirke)의 그림.

진수성찬을 내왔고, 씹지 않고 한 번에 먹으라고 말하며 생선 튀김을 남자 입에 쑤셔 넣었다. 그런데 튀김에 두꺼운 뼈가 들어 있었기 때문에 목에 걸렸나 싶더니 남자는 순식간에 숨이 끊어져버리고 말았다.

재봉사는 아연실색했지만, 아내는 침착하게 어떻게 해야 할지 좋은 방법을 생각해냈다.

생선 튀김을 입에 쑤셔 넣었는데 이게 목에 걸리는 바람에…. 로버트 스머크(Robert Smirke)의 그림.

"자, 정신 바짝 차리고 시체를 안아 일으켜. 내가 먼저 갈 테니까 당신은 이걸 짊어지고 뒤에서 따라오도록 해. 가면서 이렇게 말해야 해. '자자, 이 친구야, 정신 좀 차려. 지금 바로 의사한테 데려가 줄 테니까'라고."

재봉사는 남자의 시체를 부축해 세우고는 "알라여, 도와주십시오. 이 친구야, 어디가 괴로운 거야" 등을 중얼거리면서 서둘러 어떤 집으로 향했다….

유대인 의사, 시체를 발견

그러는 동안 유대인 의사의 집에 도착했다. 재봉사의 아내는 "병든 친구를 데려왔으니 모쪼록 선생님께서 진찰해주시기 바랍니다. 4분의 1디나르를 지참했으니 부디 받아주십시오. 이 친구는 완전히 약해졌으니까, 선생님께서 여기까지 내려와달라고 전해주십시오"라고 말했다.

있는 힘껏 걷어차버리니, 남자의 시체는 계단에서 굴러 떨어졌고…. 로버트 스머크(Robert Smirke)의 그림.

하인이 계단을 올라가 방 안으로 사라지자, 아내는 남편을 재촉했다. "자, 빨리 그걸 계단 위까지 지고 올라가. 그러고 나면 서둘러서 도망쳐야 해." 재봉사는 꼽추를 계단 위까지 옮기고는 부부가 함께 쏜살같이 도망쳤다.

유대인 의사는 4분의 1디나르를 보자 굉장히 기뻐서 허둥지둥 문을 열고 밖으로 나갔다.

그러자 문 앞에 눕혀놓았던 남자의 시체가 문에 떠받혀서 계단 아래로 완전히 거꾸로 추락해버리고 말았다. 그걸 본 의사는 크게 놀라 허둥지둥 달려갔지만 애초에 진짜 시체였기에 숨이 붙어 있을 리가 없었다.

몹시 당황한 의사는 집으로 달려가 아내와 상담했다. 아내가 말하기를 "뭘 그렇게 당황하는 거예요. 자, 시체를 지고 옥상으로 올라가도록 하세요. 근처의 무슬림 집으로 던져버리죠…."

부엌 감독, 시체를 발견

그런데 그 무슬림은 술탄의 부엌 감독을 맡고 있었다. 일이기 때문에 집 안에 다양한 식료품을 비축해두고 있었는데, 매일같이 고양이와 쥐, 개가 찾아와 양 꼬리의 지방과 이것저것을 훔쳐가고 있었다.

유대인과 아내는 힘을 쏟아내며 시체를 옥상으로 지고 올라가서는 부엌 감독의 집으로 던져버렸고, 뒤도 돌아보지 않고 집으로 도망쳤다. 외출했다가 돌아온 부엌 감독이 양초에 불을 켜고 계단을 올라가자, 통풍구 근처에 사람 그림자가 보였다. 중요한 식료품을 훔치고 있었던 건 바로 이 녀석이 틀림없다고 지레짐작하고는, 커다란 망치를 집어 들고는 갑자기 상대의 가슴팍을 후려쳤다.

상대는 잠시도 버티지 못하고 졸도했고, 큰일 났다, 너무 세게 쳤구나 하고 크게 놀라 살펴보았지만, 애초에 진짜 시체였기 때문에 숨을 쉴 리가 없었다. 당황한 부엌 감독은 시체를 짊어지고 수크(시장)를 향해 집을 나섰다….

크리스찬 중매인, 시체를 발견

그리고 부엌 감독은 어떤 좁은 골목에 시체를 기대어 세워두고는, 바로 그 자리에서 도망쳤다. 그

그렇다면 이 녀석이 범인이구나 하고, 있는 힘껏 때렸다. 로버트 스머크(Robert Smirke)의 그림.

곳을 지나간 것은 크리스찬 중매인. 술을 한잔해서 얼큰하게 취해서 비틀거리며 시체 곁으로 가더니 소변을 보기 시작했다. 문득 옆을 보니 누군가가 서 있었다. 중매인은 터번 도둑에게 피해를 본 지 얼마 되지 않았기 때문에 이 녀석도 터번을 노리는구나 지레짐작하고는 주먹을 쥐고 턱 부근을 때렸다.

상대는 잠시도 버티지 못하고 졸도했으므로, 그 위에 올라타 계속 때리고 있을 때 파수꾼이 다가왔다. 살펴보니, 밑에 깔린 쪽은 이미 절명해 있었다. 중매인은 체포되어 태수에게 끌려갔다.

아침이 되어 태수가 행차했고, 심판이 시작되었다. 살인은 교수형이었기에 크리스찬 중매인의 목에 밧줄을 걸려고 하자, 부엌 감독이 나서서 말하기를 "저야말로 진짜 범인입니다. 그 사람의 목에서 줄을 풀어주십시오." 부엌 감독의 목에 밧줄을 걸려고 하자, 유대인 의사가 앞으로 나와 말하기를 "저야말로 진짜 범인입니다. 그 사람의 목에서 줄을 풀어주십시오." 유대인 의사의 목에 밧줄을 걸려고 하자, 재봉사가 앞으로 나와 말하기를 "저야말로 진짜 범인입니다. 그 사람의 목에서 줄을 풀어주십시오."

그때 사자가 도착하고, 모두 다 국왕 앞으로 나아가자, 국왕은 "이것보다 기이한 이야기가 있을 것인가. 있다면 전원의 목숨을 살려줄 것이며, 그렇지 않다면 전원 사형에 처하겠노라"라고 말했다. 먼저 크리스찬 중매인이 오른팔을 잃은 젊은이를 만난 이야기를 들려주었고, 그 뒤를 이어 부엌 감독의 이야기가 시작되었다.

올라타 흠씬 두들겨 패고 있을 때…. 로버트 스머크(Robert Smirke)의 그림.

부엌 감독의 이야기

어젯밤, 어떤 모임에 출석해 지르바자(큐민이 들어간 닭 찜 요리)를 대접받았습니다. 그런데 그중에 그 음식에 도무지 손을 대려 하지 않는 젊은이가 한 명 있었습니다. 이유를 물으니, 지르바자를 먹을 때는 비누로 40번, 잿물로 40번, 당으로 40번 손을 씻는 규칙이 있다는 겁니다. 보니까 오른손에 엄지손가락이 없었습니다. 신기해서 물어보니, 이런 얘기를 들려주었습니다….

"어느 날, 가게를 보고 있을 때 암컷 당나귀를 탄 여성이 찾아왔습니다. 베일을 벗고 얼굴을 드러내니, 지금까지 본 적도 없는 그런 미인이었습니다. 저는 첫눈에 사랑에 빠져버렸습니다만, 시간이 지나면서 인연이 깊어지고, 드디어 방으로 초대를 받게 되었습니다. 그 사

집에 들어온 또래의 여성과 정을 통하는 사이가 되었다. 로버트 스머크(Robert Smirke)의 그림.

람은 하룬 알라시드 님의 왕비 즈바이다 님의 여자 노예였는데, 저와 부부의 연을 맺고 싶다고 간청했지만 즈바이다 님의 대답은 자신이 직접 그 상대를 본 후에 허락을 해주겠다는 것이었습니다. 저는 궤짝에 숨어 용케 하렘(harem, 이슬람 가옥에서 여성들이 생활하는 영역-역주)에 잠입했고, 즈바이다 님의 도움도 있어서 사랑하는 사람과 혼례 준비를 마쳤습니다.

그리고 아내가 될 사람이 하맘(hamam, 공중목욕탕)에 갔을 때 지르바자가 나왔습니다. 저는 들떠 있었기 때문에 지르바자를 남김없이 배에 채운 후에 손가락만 닦고 제대로 씻지 않았습니다.

드디어 침실에 들어가 신부를 안았는데, 아내는 제 손가락에 묻은 지르바자 냄새를 맡더니 째지는 목소리로 화를 냈습니다. '무슨 이런 사람이 다 있죠! 지르바자를 먹고 손을 씻지 않다니 그런 일이 있어도 되는 건가요?' 아내는 계속 소리를 질렀고, 저를 경관이 있는 곳으로 데려가 손을 잘라달라고 우겨댔습니다. 저는 반박했지만 아내는 들어주지 않았

맙소사, 지르바자를 먹고 손을 씻지 않다니! . 로버트 스머크(Robert Smirke)의 그림.

고, 결국 손발의 엄지가 전부 잘려버리고 말았습니다. 그 후로 지르바자를 먹을 때는 반드시 120번 손을 씻도록 하고 있습니다."

유대인 의사의 이야기

저는 젊었을 때 다마스쿠스에서 의학 수업에 힘쓰고 있었습니다만, 어느 날 총독의 저택에서 심부름꾼이 와서 총독의 어린 아들을 진찰해달라고 부탁했습니다. 저택으로 가서 환자의 맥을 짚고 처방을 적어주는 등 치료를 하는 동안 용태도 안정되었고, 다 같이 하맘에 갈 수 있을 정도가 되었습니다. 도련님이 옷을 벗으니 놀랍게도 오른손 손목 아래가 잘려 있는 겁니다. 의아해하는 제 마음을 알아채고, 도련님은 자신의 신비한 이야기를 들려주었습니다….

"저의 숙부님들은 아들이 없었기 때문에 모두가 친자식처럼 저를 귀여워해주었습니다. 어느 날, 금요일 예배를 마친 후에 이런저런 얘기를 나누게 되었고, 아버지와 숙부님이 온갖 말로 카이로를 칭송하는 것을 듣는 동안 이 대도시에 가보고 싶다는 마음이 부풀어 올라 아버지에게 부탁해 카이로로 가는 숙부님들과 동행하게 되었습니다. 아버지의 의향도 있어서 저는 다마스쿠스에 머물게 되었고, 어떤 저택에서 살고 있었습니다.

어느 날, 제 또래의 여성이 저택 앞을 지나가기에 눈짓을 해서 보았더니, 그 여자는 망설임 없이 저택으로 들어오는 겁니다. 저는 몹시 흥분해서 요리와 과일로 대접하고, 결국에는 꿈만 같은 하룻밤을 보냈습니다. 여자가 말하기를, 3일 후에 또 오겠다고 했습니다. 이렇게 몇 번인가 정을 나누기를 거듭하는 동안, 이번에는 다른 여자를 데리고 왔습니다. 첫 번째 여자가 오늘 밤은 이 여자와 자달라고 하기에 그 말대로 했습니다. 새벽녘에 이상한 기척에 눈을 떠보니, 놀랍게도 같이 자던 여자의 목이 몸에서 떨어져 굴러다니고 있는 것 아니겠습니까. 저는 여자의 시신과 장신구를 함께 묻고, 집주인에게 1년 치의 집세를 지불하고 숙부님들을 찾아 카이로로 갔습니다.

3년 후 다마스쿠스로 돌아갔지만 이미 가진 돈은 전부 써버렸기 때문에 죽어버린 여자의 목걸이를 수크에서 팔아치웠습니다. 하지만 이 목걸이가 도난품이라는 것을 신고한 사람이 있어서, 저는 혐의를 풀지도 못하고 오른팔을 잘려버린 겁니다.

그 목걸이는 총독의 딸의 물건이라는 것이 밝혀져 총독의 저택으로 끌려갔습니다. 목걸이가 제 손에 들어온 경위를 말하자, 총독은 눈물을 흘리며 여자들의 신원을 밝혀주었습니다. 실은 둘 모두 총독의 딸이었는데, 언니 쪽은 남편과 사별해 본가에서 지내는 동안 좋지 않은 놀이에 빠지게 되었고, 급기야는 동생을 데리고 제 저택에 오게 되었던 것입니다. 하지만 그날 밤, 질투에 눈이 멀어 여동생을 죽이고 말았고, 그 후로는 눈물로 지내고 있다는 것이었습니다. 총독은 막내딸을 제게 아내로 내어주셨고, 지금은 아무런 불편 없이 살고 있습니다."

재봉사의 이야기

바로 어제의 일인데, 저는 근처에서 열린 결혼식 피로연에 참석했습니다. 연회 도중에 바그다드에서 왔다는 젊은이가 들어왔는데, 자세히 보니 한쪽 다리를 절뚝이고 있었습니다. 자리에 앉으려던 청년은 사람들 중에 있던 이발사를 보더니, 금세 안색이 바뀌며 허둥지둥 나가려 하는 겁니다. 일행은 당황해서 젊은이를 말리고 그 이유를 물었는데, 다음과 같은 이야기를 들려주었습니다….

"저는 바그다드의 돈 많은 상인의 외동아들이었습니다만, 아버지가 돌아가신 후에는 유산을 물려받아 우아하게 살고 있었습니다. 어느 날 거리에서 벤치에 앉아 있었는데, 건너편 집의 창문이 열리면서 보름달처럼 아름다운 아가씨의 얼굴이 보였습니다. 첫눈에 사랑에 빠지게 된 저는 너무나도 그 사람 생각만 하다가 병에 걸릴 지경이 되었는데, 어릴 적부터 저를 돌봐주었던 할멈이 저를 위해 다리를 놓아주었습니다.

짜증 나는 이발사는 수다를 떠는 데 정신이 팔려서…. 로버트 스머크(Robert Smirke)의 그림.

밀회를 위한 준비도 되었기 때문에, 저는 하맘으로 가서 몸을 깨끗하게 하기 전에 머리를 깎아야겠다는 생각에 이발사를 불렀습니다. 그렇게 해서 찾아온 사람이 저기 있는 역병 이발사였던 겁니다. 이발사 놈은 끝없이 쓸데없는 소릴 떠들어댔고, 아무리 기다려도 머리를 깎으려고 하지 않았습니다. 아스트롤라베(Astrolabe, 천체 관측기)를 꺼내더니 거드름을 피우며 해설을 해댔고, 기어이는 자신의 연회용으로 쓴다며 손님용 요리를 달라고 졸라댔습니다.

간신히 이발사를 내쫓고 나서는 서둘러 사랑스러운 사람의 집으로 가 용케도 아가씨의 방으로 들어갈 수 있었습니다. 하지만 그 짜증 나는 이발사 놈은 놀랍게도 아가씨의 집 앞에 진을 치고 있었습니다.

그런데 우연히 이 집의 주인이 실수를 저지른 노예를 심하게 혼을 내고 있었는데, 혼이 나던 노예가 찢어지는 듯한 비명을 질렀기 때문에 동료 노예들이 소란을 피우기 시작했습니다. 이걸 들은 이발사 놈은 분명히 제가 두들겨 맞는 것이라 지레짐작하고, 대소동을 연출해주었습니다. 호사꾼 무리들이 더해져 큰 소동이 벌어졌기 때문에, 몹시 당황해서 방에 있던 궤짝에 몸을 숨겼습니다.

이발사 놈은 기어이 방까지 달려왔고, 제가 숨어 있던 궤짝을 짊어지더니 도로를 달리기 시작하는 것 아니겠습니까. 저는 크게 놀라 필사적으로 궤짝의 뚜껑을 열었고, 기세를 못 이겨 길바닥을 구르다가 다리를 다치고 말았습니다. 한쪽 다리를 절뚝이며 도망쳐 바그다드 안을 여기저기 돌아다녔지만, 저 빌어먹을 이발사 놈은 어딜 가든 반드시 제 뒤를 쫓아왔습니다.

오지랖이 넓은 이발사는 궤짝을 짊어지더니…. 로버트 스머크(Robert Smirke)의 그림.

저는 마음을 굳게 먹고 재산을 나누어 주어 이발사의 손에서 도망쳤는데, 놀랍게도 이런 장소에서 저 자식을 다시 만나게 될 줄은 생각지도 못했습니다."

다섯째 형 이야기

재봉사는 계속해서 여섯 명이나 되는 이발사의 형 이야기를 시작했다. 이야기를 듣는 국왕을 만족시키지 못하면, 꼽추의 죽음에 연루된 전원이 사형이다. 재봉사가 목숨을 걸고 계속해서 한 이야기의 전말은? 이하는 이발사의 다섯째와 여섯째 형의 이야기이다.

"다섯째 형은 양 귓불이 잘려나갔습니다. 형은 아버지가 남긴 유산을 자본 삼아 유리그릇을 사들였고, 거리에 늘어놓고 쓸데없이 공상만 했습니다. '이 유리그릇을 팔아치운 돈으로 상품을 구입하고, 그걸 되풀이해서 큰돈을 벌자. 그리고 대신의 딸에게 결혼을 신청하고 천 디나르만 결혼 자금으로 쓰자. 순조롭게 딸을 아내로 맞아들여서 이 신랑님 앞에 엎드린 아내를 발로 차주는 거야…' 여기

이 유리그릇을 팔아 돈을 모아서 언젠가는 대신의 딸과 결혼해야지. 로버트 스머크(Robert Smirke)의 그림.

까지 상상한 형은 정말로 발로 차버리는 바람에, 유리그릇은 산산조각이 나 버렸습니다. 그 후, 분쟁이 벌어져 추방되는 기구한 신세가 될 뻔했지만, 제가 거두어 돌봐주었습니다."

여섯째 형의 이야기

"여섯째 형은 입술을 잘렸습니다. 형은 구걸을 하면서 살고 있었는데, 어느 날 어떤 저택에 들어가니 그곳의 주인이 흔쾌히 받아들여 차례로 진수성찬을 내 대접해주었습니다. 하지만 실은 아무것도 없는데 먹고 마시는 시늉을 하고 있었던 겁니다. 형은 주인의 장난에 맞장구를 쳐주면서, 보이지 않는 요리를 맛보고 보이지 않는 술을 음미했습니다. 주인은 크게 기뻐하며 이번에야말로 진짜 요리와 술로 형을 대접했고, 두 사람은 20년 가까이 친분을 이어왔습니다. 하지만 주인이 죽게 되자 재산은 몰수되었고, 형은 여행 도중

보이지 않는 술잔을 기울이며, 보이지 않는 접시에서 음식을 손으로 집어 먹으며 담소를 나누었습니다. 로버트 스머크(Robert Smirke)의 그림.

에 베두인에게 붙잡혀 입술과 남자의 상징을 잘려버렸습니다. 운 좋게 형의 소식을 알려준 사람이 있어서, 제가 거두어 돌봐주고 있습니다."

이야기의 전말

재봉사가 이야기를 계속하기를, "그런 이유로 저희는 이발사를 붙잡아 다 같이 즐겁게 먹고 마셨습니다. 그 후 집으로 돌아가니,

생선 뼈를 뽑아내자마자 남자는 벌떡 일어났다. 로버트 스머크(Robert Smirke)의 그림.

아내가 시무룩한 표정으로 '자기 혼자만 즐기는 건 치사해' 같은 소리 하기에, 함께 외출해서 이 꼽추를 데리고 돌아간 겁니다."

 국왕의 앞으로 끌려간 이발사는 꼽추의 시체를 한번 보더니, 가위를 꺼내 시체의 목구멍에 찔러 넣어 생선 뼈를 뽑아냈다. 그러자 남자는 곧바로 숨을 내쉬었기에 국왕은 크게 웃으며 일행을 용서했고, 모두에게 상을 내렸다.

도시의 생활

 아라비안나이트의 무대가 되는 곳은 바그다드와 카이로 등 당시의 대도시이다. 동요 '달의 사막'의 이미지 등에서 사막을 달리는 유목민의 활약을 기대하는 사람이 있을지도 모른다. 하지만 아쉽게도 아라비안나이트에 등장하는 유목민은 '멍청한 촌뜨기'로서의 역할을 부여받은 경우가 많다.
 "이슬람은 사막의 종교이다"라는 말이 있다. 중동 세계의 가혹한 자연 환경을 고려하면 이 말에는 설득력이 있는 것처럼 보이지만, 이슬람이란 도시 생활에 입각한 시스템이라 말하는 것이 진실에 가깝다. 애초에 예언자 무함마드 본인도 상인 출신이었다.
 이슬람 출현 이전의 아라비아반도의 상황은 명확하지 않은 점도 많다. 하지만 구약 성경에 나오는 「시바(사바)의 여왕」 이야기는 들어본 적이 있는 사람이 많을 것이다. 시바의 여왕의 나라는 현재의 예멘인 것으로 추정된다. 예멘은 고대 세계에서 진귀하게 여겨졌던 유향의 산지로 유명했는데, 이 부근은 예로부터 인도와 동아프리카를 연결하는 해로의 중계지로 번성했다.
 무함마드가 탄생했을 무렵의 메카의 상황은 잘 알려지지 않은 부분이 많다. 구체적으로 말하면, 지역 내에서 소규모 교역에 머물러 있었는지, 아니면 멀리 떨어진 곳과 활발하게 거래했는지에 대해서는 학자들 사이에서도 의견이 일치하는 것은 아니다.

하지만 여기서 중요한 것은 아라비아의 사막에서 흥한 이슬람이 고대 이후의 대문명이 번영했던 토지를 눈 깜짝할 사이에 장악하고, 인접한 대문명권과의 접촉을 통해 더욱 크게 성장했다는 점일 것이다.

영어로는 수표를 '체크(Check)'라 부른다. 일본어도 그대로 '체크를 끊다'라고 표현하는 경우가 많다. 이 말은 유래를 찾아가보면 이슬람 상업 용어에 도달하게 된다(아랍어 색). 이슬람은 7세기부터 8세기에 걸친 우마이야(Umayya) 왕조 시대에 이미 이베리아 반도, 중앙아시아, 이란을 포함하는 광대한 지역에 퍼져 있었으며, 이 뒤

레인의 『이집트 풍속지』에 묘사된 카이로의 거리.

를 이은 아바스 왕조 시대가 되면 다양한 환(換)을 발행했다. 이슬람 세계에는 이븐 바투타(Ibn Battuta)나 이븐 주바이르(Ibn Jubair) 등의 대여행가가 나왔는데, 그들이 활약할 수 있었던 것은 이런 환전 제도의 도움을 받을 수 있었다는 점도 크다. 서양 세계의 환전 제도는 산업 선진국이었던 이슬람 세계에서 영향을 받은 것이 아닐까 지적되고 있다.

상인의 활약

아라비안나이트에서는 상인이 대활약을 한다. 신드바드처럼 인도양을 두루 돌아다니는 대상인도 등장하지만, 바자르(bazar, 노천 시장-역주) 한쪽에 작은 가게를 열고 소규모 장사를 하는 경우도 많다. 그중에는 장사를 상상하는 것만으로 끝나버리는 케이스도 있다. 유명한 것으로는「이발사의 다섯째 형 이야기」(제3권)일 것이다.

이 형은 부친에게 500디르함의 유산을 받고, 100디르함을 써서 유리그릇을 사들였다. 길거리에 상품을 늘어놓고 기다리는 동안, 쓸데없는 공상에 빠지게 된다. "100디르함으로 사들인 유리그릇을 200디르함에 팔아서 그 돈으로 또 유리그릇을 사자. 이걸 반복하면 난 큰 부자가 될 테니까, 보석, 향료, 저택에 백인 노예도 사자. 10만 디르함의 자산을 모으면 공주님과 결혼하고, 신부가 다가오면 이렇게 뿌리쳐야지…." 이런 식으로 공상이 진행되었을 때, 눈앞에 늘어선 유리그릇을 발로 차서 몽땅 부숴버린다는 결말로 되어 있다.

「이발사의 다섯째 형 이야기」에서. 스탠리 우드(Stanley Wood)의 그림.

아직 본 적도 없는 연인을 만나기 위해 타향으로 여행을 떠나는 경우 (「상인 압드 알라흐만과 그 아들 카마르 아자만 이야기」등)처럼 상인으로서 많은 준비를 한 이야기도 적지 않다. 이런 이야기에서는 부모가 장사 밑천을 주고 자식을 떠나보낸다. 카마르 아자만의 부친은 상인이지만 "다른 나라로 여행하다 보면 위험한 일이 많다"며 걱정한다. 하지만 모친은 "상인의 자식이 여행을 떠나는 건 옛날부터의 관습이에요. 상인 동료들은 다들 여행을 떠나 돈을 벌어왔다고 자랑하잖아요"라면서 여행 준비를 해주었다.

원형 도시 바그다드를 중심으로 그려진 중세 아랍 지도.

「염색공 아부 키르와 이발사 아부 시르 이야기」(제18권)에서는 알렉산드리아에 사는 두 사람의 상인을 둘러싼 이야기가 전개된다. 여기서는 염색공 아부 키르가 악당 역할로 나온다. 두 사람은 이웃에 가게를 열었는데, 장사 쪽이 생각처럼 되지 않았다. 그래서 아부 키르는 "우리에겐 확실한 기술이 있으니까, 여러 나라를 돌아보는 건 어떨까"라고 아부 시르에게 제안했다. 두 사람은 서로의 실력을 살려 여행을 계속했고, 아부 시르는 이국땅에 '하맘(공중 목욕탕)'을 지어 큰돈을 번다. 음모가 아부 키르 쪽은 천벌이 내려져 바다의 부스러기가 되어 사라지지만, 아부 시르는 고향 알렉산드리아로 금의환향할 수 있었다.

도시와 시장

도시는 동경의 대상이기도 했다. 「유대인 의사 이야기」에서는 카이로를 입에 침이 마르도록 칭찬한다. "이 대지 위에 카이로와 거기 흐르는 나일강만큼 아름다운 것은 없어. 카이로를 보지 않고는 세계를 봤다고 할 수 없지…. 카이로의 흙은 황금이요, 여성은 천사, 건물은 궁전, 공기는 향기로운 향으로 가득하지"라며 칭찬을 아끼지 않는다. 카이로를 칭찬하는 것은 모술(현재의 이라크 북부)에 사는 젊은이의 숙부다. 이 젊은이는 숙부의 이야기를 듣고 카이로를 동경하게 되었으며, 아버지에게 부탁해 상품을 조달한 다음 카이로로 가기 위해 숙부들과 동행한다. 결국 젊은이는 다마스쿠스에 머물면서 기구한 사랑 이야기의 주인공이 되지만, 그런 부분에 관한 것은 원작을 읽는 편이 좋을 것이다.

중세의 사본에 묘사된 도시의 장인들.

바자르에서 활약하는 상인과 장인의 가게는 같은 직종끼리 모여 있었다. 의사는 기독교도나 유대교도가 많았고, 또 환전, 중매, 장신구 상인, 약재상 등 특정 직종에 따라 전문적인 지식과 기능을 살린 네트워크를 만들어두고 있었다. 아라비안나이트에는 「크리스찬 중매인 이야기」가 들어가 있다. 이 중매인은 이집트에서 태어난 콥트 (Copts, 이집트와 북동아프리카 및 중동에 기반을 둔 오리엔트 정교회로, 이집트에서 가장 교세가 큰 기독교 종파-역주) 교도였다. 이야기를 읽어보면, 부친의 뒤를 이어 중개인이 되었다고 한다.

이슬람 세력은 광대한 지역을 제압했지만, 거의 전 지역이 고대부터 있었던 선진 문명 지역이었다. 이슬람은 신학 레벨에서는 결코 타협하지 않았지만, 문화나 경제 등 현실 면에서는 예로부터의 세력을 잘 흡수해 새로운 발전으로 이끄는 것에 성공했다고 할 수 있을 것이다.

예를 들어 유대인은 규정 세금을 지불하면 자신들의 종교를 신앙하는 것이 허용되었다.

무슬림 사회는 유대인 사회를 완전히 대등한 것으로 취급했던 것은 아니며, 아바스 왕조의 유대인이라도 그 나름대로 자유를 속박당했던 모양이다. 단, 아라비안나이트 이야기 중 비교적 초기에 적힌 것으로 여겨지는 「꼽추 이야기」 등에 등장하는 유대인 상은 중세 이후 유럽에서 정착한 '악덕 고리대금업자'라는 유대인의 스테레오 타입과는 꽤 동떨어져 있었음을 기록해둔다.

이슬람 세계의 시장에는 '무흐타시브

오스만 왕조 시대의 유대인.

(Mohtaseb)'라 불리는 감독관이 있었다. 아바스 왕조 시절에는 이슬람에 관한 여러 규정들이 올바르게 지켜지고 있는지를 감독하는 것이 주된 업무(금요일에 예배를 드리고 있는가, 라마단에 단식을 하는가 등)였으나, 이윽고 상거래가 엄정하게 이루어지고 있는지 여부에 한해 눈을 빛내게 되었다.

아바스 왕조 시대의 무흐타시브는 의사들을 단속하기도 했다. 의심스러운 치료로 발생하는 피해가 남아 있었기 때문에, 당시의 칼리파 알무크타디르가 명의로 이름 높은 쿠라 가문의 시난이 인가한 자 이외의 치료를 금지한 것이다. 무허가 의사 적발은 무흐타시브가 담당했다. 명의를 배출한 쿠라 가문은 하란(Harran, 튀르키예의 샨르우르파주에 위치한 지역-역주) 출신이다. 하란은 네스토리우스파(네스토리우스를 시조로 하는 기독교 일파-역주)의 대학이 있던 에데사(Edessa, 그리스 북부에 위치한 도시-역주) 근처에 있으며, 의약의 신이기도 한 달의 신에 대한 신앙이 흥성한 이교도(사비아 교도)의 마을이었다는 점을 추가로 기록해둔다.

어둠의 세계

무흐타시브는 공공의 안전에도 주목했으며, 범죄가 일어날 것 같은 장소는 순찰을 돌기도 했다. 하지만 인구 수십만 명의 대도시라면, 당연하게도 그곳에는 '언더 월드'가 존재한다.

아랍 문학에는 범죄자의 교묘한 수법을 묘사한 '간사한 지혜물'

정도로 말할 수 있는 장르가 있다. 잔혹한 범죄 수법을 묘사하는 것이 아니라, 사기나 못된 꾀를 부리는 솜씨를 칭찬하는 것이다. 그렇다고는 해도 이런 악당이 서민의 편이 되어 '의적' 같은 활약을 하는 것은 아니다. 선량한 사람들에게서 갖은 언변과 수단을 동원해 재물을 긁어모으는데, 권선징악적인 면에서 마지막에 반드시 체포된다고 단정할 수는 없다. 오히려 못된 꾀를 살려서 그대로 목적을 달성해버리는 이야기가 많다.

11세기의 문인 알하리리(Al-Hariri)가 남긴 「마카마(maqamat)」라 불리는 이야기 모음집에는 푼돈 사기로 여유롭게 살아가는 노인이 등장한다. 이 노인은 무궁무진하게 변화할 수 있는 변장술을 구사하며, 사람들의 선의를 이용해 푼돈을 갈취하고 있었다. 이 불량 노인을 주인공으로 한 이야기 모음집은 '아랍 산문 이야기 최고의 걸작'으로 여겨지며, 교양이 있는 아랍인이라면 누구나 아는 고전이 되었다.

악의 히어로들

아라비안나이트에는 '알리 자이바크(수은 알리)', '아흐마드 아다나프(병자 아흐마드)', '하산 슈만(역병신 하산)', '여자 사기꾼 다릴라' 등을 둘러싼 못된 꾀 이야기가 수록되어 있다. 수은 알리는 묘한 이름이지만, 어째서 '수은' 같은 이름이 붙었는지는 알 수 없다. 여기서 거론한 4명은 어느 정도까지는 실존 모델이 있었던 것으로 보이며,

칼을 차고 시가지를 끌려 다니는 도둑. 중세의 사본에서.

10세기의 저작물 「황금의 목장」에도 다릴라라는 이름이 기록되어 있다. 「아흐마드 아다나프와 하산 샤우만과 여자 사기꾼 자이나브 및 그 어머니 이야기」(제14권)에는 사기꾼끼리 서로 격렬히 토론하며 서로 속이는 모습이 나온다.

수은 알리, 아흐마드 아다나프, 하산 슈만은 「알라 딘 아부 샤마트 이야기」(제7권)에도 함께 등장한다. 단, 이 이야기는 못된 꾀를 다루는 것이 아니다. 대도적으로 널리 이름이 알려졌을 터인 아흐마드와 하산이 어찌된 일인지 칼리파의 호위대장이 되어 있으며, 억울하게 투옥된 주인공을 의협심으로 풀어준다. 감시하는 쪽과 감시당하는 쪽이 깊이 연결되어 있는 것은 예나 지금이나 별다르지 않을 것이다.

도둑 가업에서 손을 씻고, 제대로 된 시민 생활을 보내는 이야기는 이 밖에도 있다. 「대신 누르 딘과 샴스 딘 이야기」(제12권)에는 '알라의 용서를 받고 (다마스쿠스에서) 요리점을 연 남자'가 등장한다. 이 남자는 손을 씻은 후에도 사람들이 두려워했는데, 의협심이 넉넉한 성품이었기에 목적지로 가다가 날이 저물어 갈 곳이 없던 바드르 딘을 거두어 돌봐주었다.

동업자 조합을 만들어 서로 도왔던 것은 앞서 말했던 상인과 수공업자만은 아니었다. 도둑이나 사기꾼들 사이에도 '조합'이 있었다. 「맹인 노인과 3세와 5세 소년 이야기」(제13권)에는 사기꾼들의 두목 같은 노인이 등장해 휘하의 사기꾼과 양아치 놈들의 실력을 듣고는 판정을 내린다.

공중목욕탕(하맘)

「염색공 아부 키르와 이발사 아부 시르 이야기」에서는 이교도의 땅에 하맘을 소개한 주인공이 일확천금에 성공한다. 하맘이라는 것은 이슬람 세계에는 반드시 있는 공중목욕탕을 말한다. 목욕탕이라고는 해도 욕조에 들어갈 수 있는 것이 아니라, 말하자면 증기목욕탕(한증막)이다. 오스만 왕조 하렘의 목욕탕 장면을 묘사한 관능적인 서양 회화는 누구나 한 번은 본 적이 있지 않을까. 단, 서양 중세의 공중목욕탕에서는 매춘도 이루어졌지만, 이슬람 세계의 하맘은 그런 육체관계의 무대가 되지는 않았다.

이슬람에는 몸을 청결하게 하는 가르침이 있으며, 예배 전에는 물론이고 식사나 배설을 시작으로 하는 다양한 장면에서 닦아서 깨끗하게 만들 필요가 있다. 하맘이 널리 퍼지게 된 것에는 이런 종교상의 규정과도 관계가 깊다.

하맘의 위생 상태에는 엄격한 규정이 있었다. 폐점 전에는 반드시 청소를 해야 했으며, 하맘 안에 있는 수도에서 설거지를 하거나

하맘(공중 목욕탕). 중세의 사본에서.

빨래를 하는 것은 금지되어 있었다. 배수가 하천이나 운하로 흘러나가게 하기 위한 규정도 있었다. 또, 로인클로스(loincloth, 허리에 두르는 옷의 일종-역주)를 하지 않고 하맘에 들어가는 것도 규칙이었다.

단, 당시의 기록에 의하면 이 규칙은 반드시 실행되지는 않았던 것으로 보인다. 10세기 말기의 어떤 기록에는 "시라즈(Shiraz), 후제스탄(Khuzestan), 파르스(Fars), 머그레브(Maghreb)의 사람들은 로인클로스를 하지 않고 하맘에 들어간다"라는 구절이 있으며, 19세기 카이로의 서민 생활을 생생하게 묘사한 레인(Edward William Lane)의 『이집트 풍속지(Manners and customs of the modern Egyptians)』에도 "서민 계급의 여성은 로인클로스를 두르지 않는다"라는 기술이 보인다. 로인클로스는 매일 세탁하게 되어 있었으며, 물을 담아두는 탱크는 1개월에 한 번은 물을 빼내야 했다.

하맘에는 방이 몇 개 있었으며, 방의 명칭은 시대와 지역에 따라

다르지만 전체의 만듦새는 거의 동일했다. 이것은 지금도 기본적으로는 달라지지 않았다. 입구를 빠져나가면 첫 번째 방이 있다. 여기서 옷을 벗고, 허리에 두를 천(로인클로스)을 받는다. 첫 번째 방은 그다지 덥지 않지만, 두 번째 방은 본격적인 사우나로 되어 있다. 현대의 중동 세계에도 하맘은 서민의 사교의 장이지만, 아바스 왕조 시대에도 사정은 현대와 별로 다르지 않았던 모양이다. 그들은 아라비안나이트에서도 친숙한 장미수 등으로 향을 낸 셔벗 등을 즐기고 잡담을 하면서 이야기꽃을 피웠을 것이다.

하맘과 여성

아바스 왕조 시대에 지위가 높은 사람들은 자택 안에 목욕탕을 설치해두었고, 하맘은 상업적으로 경영되었던 것 같다. 남녀 모두 같은 하맘으로 갔는데, 이슬람에서는 공공장소에서는 남녀를 격리하는 규정이 있었기에 남녀 혼욕은 논외였다. 여성 전용 하맘도 드물지는 않았던 듯하다. 보통은 날짜별로 남성용, 여성용이 정해져 있었던 것으로 보인다. 여탕이 되는 날에는 입구에 표식으로 쓰이는 천을 걸어놓았다는 기록이 남아 있다. 하맘에는 때를 밀고 마사지를 해주는 담당자가 있었는데, 여탕이 되는 날에는 담당자들도 전원이 여성으로 바뀌었다.

현대 하맘의 입구. 카이로에서.

「알라딘과 마법의 램프」에서는 하맘으로 외출하는 공주를 본 알라딘이 사랑에 빠진다. 중류층이나 상류층 귀부인은 하맘을 통째로 빌리는 경우도 있었다. 상류층 여성들은 시녀 일동을 데리고 음식물과 화장품 등의 짐도 가지고 들어가 느긋하게 시간을 보냈던 모양이다.

하맘에서 몸을 씻을 때는 식물 섬유로 만든 거친 천 등을 사용했던 것으로 보인다. 또, 당시에는 남자든 여자든 체모를 깎는(뽑는) 관습이 있었으며, 시럽이나 벌꿀을 이용한 제모제 등도 사용되었다. 아바스 왕조의 기록에는 시럽과 레몬즙을 졸여서 만든 제모제에 대한 기록도 있다.

사람들이 하맘을 방문하는 데는 건강상의 이유도 있었다. 하맘의 열기와 습기가 호흡기의 병과 관절염에 효과가 있었기 때문이다. 또, 토속 신앙에 의해 밤에 하맘에 가면 진(마인)이 출몰하는 것으로 여겨져 하맘이 열리는 것은 아침부터 일몰까지 동안이었다. 밤은 신비한 시간이었던 것이다. 진의 존재는 코란도 인정했는데, 이슬람에서는 기독교에서 볼 수 있는 그런 악마학은 발전하지 않았다. 제아무리 강대하다 해도 진에게는 알라에 대항할 수 있는 힘이 없었고, 이슬람교에서는 세상의 모든 일이 알라의 마음대로였던 것이다.

 아라비안나이트와 유대인

아라비안나이트에는 유대계 전승에 기초한 이야기도 많다. 구약성서에 등장하는 솔로몬이나 모세는 코란에서도 언급한다. 이슬람 세력이 중동 전역을 수중에 넣은 후에도 이슬람 권내에는 다수의 유대인이 살고 있었다. 유대인은 '비호민'으로 취급되었으며, 무슬림과 대등한 시민으로 대우받은 것은 아니었다. 하룬 알라시드의 시대에는 유대인의 복장에 대한 규정이 발포되어 외견상으로도 이교도와 무슬림이 구별되었다. 단, 중세 이후 유럽에서 볼 수 있는 그런 조직적인 학살이나 박해는 (일부 예외를 제외하고) 일어나지 않았다는 것을 특필해둔다.

유대나 아랍의 민간 전승에는 솔로몬 왕에게 마력이 있었던 것으로 되어 있다. 솔로몬 왕은 진(마인)을 자유로이 부리며 말을 듣지 않는 진을 항아리에 봉인했다고 하며, 아라비안나이트의 「어부와 마왕 이야기」, 「황동성 이야기」에는 진이 들어 있는 항아리를 둘러싸고 신비한 스토리가 전개된다.

솔로몬 왕이 마력을 지녔다는 전승은 이슬람 이전부터 아랍인들에게 알려져 있었으며, 6세기의 아랍 시에는 "술레이만 이븐 다우드(아랍어로 '다윗의 아들 솔로몬')는 따르지 않는 마인 놈들을 벌했다"라는 구절이 있다.

Column

유대교도 의사. 스탠리 우드(Stanley Wood)가 그린 아라비안나이트의 삽화에서.

　우주 신화로도 해석할 수 있는 「부르키야 이야기」는 고대 오리엔트와 유대에서 영향을 받은 것이 아닐까 여겨져왔다. 불사의 영초를 찾아 떠나는 부르키야의 여행은 길가메시 서사시나 알렉산더 전기에서 투영된 것이 있는 것으로 여겨진다. 부르키야의 작자는 9세기 말에 무슬림이 된 유대인이 아닌가 하는 설도 있으며, 보물 창고 안에 숨겨진 상자를 열면 비밀이 기록된 책이 있다는 이야기의 발단은 구약 성서의 열왕기 하(下) 제22장의 기록에 영향을 받은 것이 아닌가 하는 추론도 논의되고 있다.

아라비안나이트 디너

 중동 지역의 식사에 대해 물어보면, 양고기 구이를 떠올리는 사람이 많을 것이다. 베두인의 텐트를 방문한 사람의 여행기 등을 보고, 호쾌한 양 요리를 손으로 먹는 자연의 향취가 가득한 식사 풍경을 떠올리는 사람도 있을지 모른다. 아라비안나이트 시대부터 양은 중요한 식재료였다. 그중에서도 시리아는 양의 산지로 유명했고, 11세기경에는 수출도 왕성하게 이루어진 모양이다. 명의로 유명한 라지는 양 고기를 먹으라고 추천하기도 했다. 그의 말에 따르면, 양 이외의 고기는 건강을 해친다고 한다.

 기원전 3000년경 이라크에는 들소가 있었는데, 이것은 인도 방면에서 데려왔던 것으로 보인다. 우마이야 왕조의 이라크 남부(마시 아랍[Marsh Arab]으로 알려진 대습원 지대. 후세인 정권하에서 티그리스강의 수문이 닫혀 습원의 면적이 대폭 감소했다)에는 들소가 서식했던 모양이다. 하지만 소고기는 식탁에 별로 올라가지 않았던 것 같다. 당시의 의사 중에는 건강상의 이유로 소고기를 먹어서는 안 된다고 주장하는 사람도 있었다.

 하지만 양만 먹었던 것은 아니다. 바그다드나 카이로에는 큰 강이 흘렀으며, 수산 자원도 풍부했다. 아라비안나이트에도 어부가 다수 등장한다. 양은 이슬람의 희생 동물로서 없어서는 안 될 존재였지만, 아바스 왕조 시대의 기록 등을 보면 닭 요리도 널리 먹었던 것으로 보인다.

토마토와 올리브유

중동 요리를 취급하는 레스토랑에 가본 적이 있는 사람은 분명히 토마토와 올리브유를 잔뜩 사용한 지중해식 레시피를 만끽했을 것이다. 올리브는 재배의 역사가 길고, 식용으로 썼을 뿐만 아니라 램프의 연료로도 널리 사용되었다. 알라딘의 램프에 들어 있던 것도 올리브유였던 것으로 여겨진다.

자 그럼, 중동 요리에는 빼놓을 수 없는 토마토인데, 이 식물이 아메리카 대륙에서 전해진 것은 16세기이며, 식용으로 널리 퍼진 것은 18세기가 되어서야 이루어졌다. 중동 요리에 토마토가 쓰이게 된 것은 극히 최근의 일이다. 그때까지는 양파, 마늘, 파(leek), 가지, 콩, 당근 등이 주로 쓰이는 채소였다. 채소는 저렴하게 구할 수 있었으며, 가난한 사람들의 식생활을 유지해주었던 모양이다. 「상인 우마르와 세 아들, 살림과 사림과 자우달 이야기」(제13권)에서는 마법 가죽 주머니를 든 자우달이 어머니에게 뭐든 좋아하는 음식을 말하라고 하자, 어머니는 "빵과 치즈 한 조각을 먹고 싶다"고 대답한다. 궁정에서는 호화로운 다양한 요리를 볼 수 있었으나, 서민의 생활은 검소했음을 엿볼 수 있다.

아라비안나이트 가장 초기의 이야기가 정리되었던 아바스 왕조 시대의 식사는 현대의 중동 요리와는 상당히 다른 부분도 있었던

중세 아랍의 사본에 묘사된 식사 풍경.

모양이다. 소속된 계급에 따라 다르기도 하지만, 아바스 왕조의 사람들은 매일같이 양고기를 손으로 쥐고 먹었으며, 토마토를 사용한 조림 요리를 먹었던 것은 아닌 것 같다. 여기서부터는 당시의 식사 사정을 간단히 알아보도록 하자.

중요한 식사 매너

아바스 왕조의 상류(중류) 계급에서는 상당히 세세한 식사 매너를 지켰던 것으로 보인다. 9세기에 집필된 자히즈의 「구두쇠 이야기」에는 식사 시의 무례한 행동에 대해 장황하게 기재된 부분이 있다. 생선 뱃살을 독점하는 것, 닭의 간을 낚아채는 것, 양 머리의 눈알에 집착하는 것, 옆 사람을 밀치며 영계의 날개에 손을 뻗는 것, 남의 앞에 있는 접시를 슬쩍슬쩍 훔쳐보는 것, 골수를 빨아먹는 것, 대추야자가 든 그릇을 다른 사람의 그릇과 바꿔치기 하는 것 등, 이

중세의 사본에 묘사된 식사 풍경.

런 것들은 전부 해서는 안 된다고 적혀 있다.

각자가 몇 접시나 되는 코스 요리를 먹는 것이 아니라, 큰 그릇에 가득 담은 요리가 여러 개 식탁에 늘어놓아졌다. 그릇이 적어서 식탁이 보이는 것은 '구두쇠'의 증거로 여겨져, 그 틈새에는 빵을 놓았던 것 같다. 큰 그릇을 둘러싸고 식사를 했기 때문에 기분 좋게 식사하기 위한 매너가 중요하게 여겨졌다. 이 시대의 상류 인사는 고기를 잘라 나누거나, 뼈와 고기를 분리하거나 할 때 나이프를 사용했다.

또, 기름으로 손이 더러워지는 것을 싫어했기 때문에 식전과 식후에는 볼에 든 물로 정성껏 손을 닦았다. 식후에 손을 씻을 때는 소금물을 사용했다. 돈이 많은 사람들은 여기에 쌀가루, 호라산(Khorasan)의 점토, 유향, 금방동사니(사초과의 한해살이풀-역주), 백단(흰 꽃을 피우는 박달나무-역주), 사향, 용뇌(용뇌향나무에서 나온 수지를 수증기로 증류하여 만든 것-역주), 장미수 등을 추가했던 듯하다. 「꼽추 이야기」에는 닭 찜 요리를 먹은 후 손을 씻지 않았기 때문에 엄지손가락을 잘린 남자가 등장한다.

아라비안나이트에는 술잔치 장면이 많은데, 역대 아바스 왕조의 칼리파는 식사 중에는 와인을 마시지 않았던 모양이다. 기독교도인 주치의 부흐트 이슈가 칼리파 만수르에게 식사 중에 와인을 마시도록 허가를 요청했던 적이 있으나, 칼리파는 이것을 일축했다는 기록이 남아 있다. 술잔치가 열리는 것은 식후였을 것이다. 단,

아라비안나이트에 몇 번이나 등장하는 하룬 알라시드는 이슬람의 가르침에 충실한 생활을 보낸 것으로 여겨지며, 술을 마셨다는 기록은 남아 있지 않다.

티그리스강은 물고기의 보고

아라비안나이트에는 「바그다드의 어부 할리파 이야기」(제16권)가 들어 있다. 이 이야기에서는 어부 할리파의 제자가 된 칼리파 하룬 알라시드가 티그리스강에 그물을 던진다. "할리파와 칼리파 두 사람이 힘을 합쳐 그물을 건져 올리자 거기에는 온갖 색의 다양한 물고기가 걸려 있었습니다."

현대 이라크에서도 생선 요리를 자주 먹는다. 특히 양식된 잉어가 식재료의 대부분을 채우는 모양이다. 구약 성서 외전 토빗기에는 티그리스강에 사는 큰 물고기에 대한 기록이 있다. 티그리스강에는 잉어나 메기 종류가 많기 때문에 성장한다면 상당한 크기가 될 것이다. 인도양에 서식하는 갠지스 상어가 바그다드 부근까지 강을 거슬러 올라오는 경우도 있는 듯하다. 단, 이라크 전쟁의 영향으로 심각한 수질 오염이 진행된 것으로 보인다. 현대 예멘에서는 상어잡이가 이루어지고 있다. 상어를 사가는 것은 내륙부의 유목민이다. 상어 고기에는 암모니아가 포함되어 있어서 오래 보관할 수 있기 때문이다.

여기서 「꼽추 이야기」를 보도록 하자. 이 이야기는 중국이 무대

빵을 굽는 베두인 가족. 이집트, 남시나이

로 되어 있으나, 아바스 왕조 말기의 바그다드에서 정리된 이야기인 것으로 알려져 있다. 이야기 속에는 최초로 등장한 재봉사가 꼽추와 저녁 식사를 함께하기 위해 시장으로 가서 '생선 튀김, 빵, 레몬, 과자' 등을 사온다. 재봉사의 아내가 대접할 생각으로 생선 튀김을 집어 들어 입에 쑤셔 넣었을 때, 조각 안에 들어 있던 뼈가 걸려서 숨이 멎어버리고 만다. 이 이야기는 이후에도 계속 이어지면서 기상천외한 스토리가 전개되지만, 여기서는 '생선 튀김'에 주목해보자.

아바스 왕조 초기의 문헌에 의하면, 기독교도의 식탁에는 생선이 메인 요리인 경우가 많았던 것 같다. 바그다드의 기독교도가 생선을 대량으로 소비하기 때문에 특정 요일에는 생선 가격이 급상승했다는 기록이 남아 있다.

물고기는 다양한 요리법이 있었다. 당시의 기록에 다음과 같은 것이 있다. 예를 하나 들자면, 우선 껍질을 벗기고 배를 갈라 물로 깨끗하게 씻어 말린다. 그 후 참기름, 사프란, 장미수를 섞은 것을 발라 전처리를 한다. 수마크(sumac, 옻나무 계열 열매), 타임(thyme, 유럽 원산의 백리향의 일종-역주), 마늘, 호두, 코리앤더, 큐민, 매스틱(그리스가 원산지인 나무에서 채취할 수 있는 수지. 최근에는 필로리균에 대한 약효가 주목받는다), 시나몬, 참기름, 소금 등을 섞어 페이스트를 만들고, 이것을 생선의 배에 채운다. 튼튼한 실로 생선을 묶고, 꼬치에 끼운다. 이것을 오븐에 넣고 약불로 굽는 것이다.

굉장히 손이 많이 가는 요리지만, 서민들은 작은 물고기를 사서 간단한 요리법으로 만족했던 모양이다. 튀김이나 수프로 만들어 먹었던 듯한데, 고가의 향신료를 쓸 여유는 없었기에 식초나 소금 등으로 소박하게 간을 한 요리였던 것으로 보인다.

버라이어티한 닭 요리

아바스 왕조 시대에는 닭도 자주 먹었다. 시골은 물론이고, 도시 주민도 고기나 달걀을 얻기 위해 닭을 길렀을 것이다. 바그다드에는 닭을 전문으로 취급하는 바자르도 있었다.

닭은 다양한 산지가 있으며, 지방이 풍부하거나 담백하거나 하는 등 풍미가 달랐던 모양이다.

닭을 요리할 때는 독특한 냄새를 없애기 위해 큐민, 코리앤더, 수마크, 매스틱, 시나몬 등의 향신료를 듬뿍 사용하고, 레몬, 석류, 수마크, 포도 등의 주스를 쓰는 경우가 많았던 것으로 보인다. 기본적인 조미료는 소금, 식초, 설탕이었다. 당시 문헌 등에 의하면, 소금과 미지근한 물로 깨끗하게 씻은 다음 가볍게 기름을 발랐다. 식사용 기름으

아라비안나이트에 등장하는 닭 요리를 재현한 것.

로는 참기름을 많이 사용했고, 식재료에 칠하거나 튀김 요리를 만들 때 등에 사용했던 것 같다. 아라비안나이트에는 닭에 피스타치오를 채운 요리가 몇 번이나 등장한다.

과일로 만든 식초를 사용하기도 했다. 「구두쇠 이야기」에는 대추야자 시럽을 받아서 어디에 써야 할지 고민하는 남자 이야기가 나온다. 대추야자는 그대로 요리에 사용하거나, 술(나비즈)이나 식초를 만드는 경우도 있었다. 좋은 식초가 만들어졌을 때는 음료로 썼다. 이 구두쇠 남자는 식초를 마시는 건 좋은데 마시려면 또 벌꿀이 들어간 포도 주스, 카스칼 지방 특산품인 기름이 든 닭 요리, 과일, 향신료가 듬뿍 들어간 과자가 필요하다며 계속해서 고민한다. 현재의 일본에서도 대추야자 식초가 건강식품으로 판매되고 있다.

「부엌 감독 이야기」는 앞서도 말했던 지르바자를 먹은 후에 손을 씻지 않았다는 이유만으로 엄지손가락을 잘린 남자의 이야기다. 이 지르바자는 닭을 이용한 요리였다(지레라는 것이 페르시아어로 큐민을 가리키기 때문에 지르바자란 큐민을 넣은 닭 스튜라 여겨져왔으나, 지레를 '~의 아래'라는 의미로 해석해 조림 요리 위에 쌀을 얹어 조리한 것이라 보는 견해도 있다).

다양한 과일

「짐꾼과 세 딸 이야기」의 첫 부분에는 유명한 쇼핑 장면이 있다. "딸은 과일 종류를 파는 가게 앞에 멈춰 서서 시리아산 사과, 오스만의 마르멜로 열매, 오만산 복숭아, 알레포의 재스민, 다마스쿠스의 수련, 부드러운 오이, 이집트산 레몬, 술탄 종 오렌지, 향기로운 미르테(은매화), 타마린드, 데이지, 아네모네, 제비꽃, 석류꽃, 들장미꽃 등을 샀습니다…. 다음으로 그 소녀는 마른 식품 가게 앞에서 걸음을 멈추고, 식후의 간식

대추야자를 수확하는 베두인. 이집트, 남시나이

용으로 쓸 후스타슈(피스타치오)의 씨앗이라거나, 티하마(아라비아 서해안)의 건포도, 아몬드 등을 구입했습니다."(도요분코에서 인용)

　당시(현대에도) 사람들이 일상적으로 먹던 식재료 중에서 이 쇼핑 리스트에 들어가지 않은 것이 있다. 대추야자(데이트, date)이다. 대추야자는 중동을 대표하는 식재료 중 하나이며, 지금도 널리 식용으로 쓰인다. 최근에는 일본 시장에서도 구할 수 있으므로, 그 농후한 맛을 즐겨본 독자도 있을 것이다.

　대추야자는 산지에 따라 다양한 종류가 있다. 나라를 자랑하기 위한 절호의 화제가 되기도 하며, 자기네 마을의 대추야자가 세계 최고라는 이야기가 길게 이어지기도 한다. 별로 알려져 있지는 않지만, 간사이(関西) 서민의 맛이라고도 할 수 있는 오코노미야키의 소스에는 대추야자를 빼놓을 수가 없다. 이라크산 대추야자가 좋은 모양인데, 이라크 전쟁으로 수출이 불가능해져 제작사도 곤혹스러워하는 것 같다.

　대추야자는 아라비안나이트 제1야에 바로 등장한다. 나무 그늘

중세의 사본에 묘사된 음주 장면.

에 앉아 빵과 대추야자를 먹은 상인이 대추야자 씨앗을 버렸는데, 이게 이프리트(진, 마인의 일종)의 아들 가슴에 맞아서 죽게 만들어버렸다는 이야기이다.

대추야자는 굉장히 영양가가 높아서 농촌 쪽에서는 주식으로 이용되기도 했다. 사막에 사는 베두인에게는 없어서는 안 될 휴대 식량이기도 했다. 아랍 세계의 농촌 지역에서는 대추야자의 생육을 중심으로 1년의 생활 사이클이 돌아간다고 해도 과언이 아니다.

이 식물은 가뭄과 염해(鹽害)에 강하며, 강인한 생명력을 지닌 것으로도 잘 알려져 있다. 나폴레옹의 이집트 원정 때 카이로에서 시리아로 향하던 프랑스군 병사도 대추야자를 휴대했다. 행군 중에 먹은 대추야자 씨앗이 길가에 버려지면서 지금은 훌륭한 가로수가 되었다. 대추야자의 수명은 거의 100년 내지 200년 정도인 모양이라 교체한 것도 있을 것이다.

대추야자는 성서에서도 중요한 역할을 한다. 성서나 기독교와 관련된 전설에는 '종려(棕櫚)'라 표기되는 경우가 많은데, 이것은 대추야자를 가리킨다. 유명한 곳에서는 부활절 전주에 해당하는 성주간(聖週間)의 첫날은 '팜 선데이(Palm Sunday)', 즉 '종려주일'이라 부르며, 예수의 예루살렘 입성을 기념하는 날이다. 이 종려라는 것이 대추야자를 말한다. 종려(=대추야자)는 유대교에서도 상징적인 의미를 지녔으며, '스코트(Sukkoth, 가암[假庵])의 축제'에서는 대추야자 잎으로 실외에 만든 오두막의 지붕을 덮도록 되어 있다.

「대신 누르 딘과 샴스 딘 이야기」에는 석류를 사용한 요리가 나온다. 석류 열매에 아몬드와 설탕을 뿌리고, 장미수와 사향으로 향을 낸 요리다. 인도에서 가져온 설탕은 순식간에 퍼졌지만, 아바스 왕조 시절에는 서민이 일상적으로 사용할 수 있는 정도는 아니었을 것이다. 서민들은 설탕 대신 벌꿀을 더 많이 사용한 것으로 보인다. 더 가난한 사람들은 포도나 메뚜기콩(locust bean)으로 만든 시럽을 사용한 듯하다. 영어 슈가(sugar, 설탕)의 어원은 아랍어 수카르(sukkar)이다.

사탕수수와 노예 반란

아라비안나이트는 도시 생활 묘사가 메인이기 때문에 농민의 생활상은 그다지 묘사되어 있지 않으나, 아바스 왕조 시기에 대규모 농업 개혁이 있었다. 농기구, 비료, 관개법 등 수많은 분야에서 연구가 진행되었다.

현재 이라크에서는 티그리스강과 유프라테스강 사이의 광대한 평원이 거대한 사탕수수 산지가 되었다. 이 일대는 아랍어로 '사와드(검은 토지)'라 불리며, 아바스 왕조 시절부터 대규모 개척이 진행되었다.

현재 이란에 있는 아프와즈는 사탕수수의 집적지로, 수많은 설탕 공장이 세워졌다. 이 지역에서 생산된 설탕은 바그다드의 아바스 왕조 궁전으로 보내졌으며, 상류 계급의 식탁을 화려하게 연출했다.

사와드 지방에서는 노예를 이용한 강제 노동이 행해졌다. 여기에 쓰인 노예는 아프리카에서 데려온 흑인 노예(잔주, Zanj)가 많았다. 이슬람 세계의 노예제도는 근대 서양 사회에서 보이는 그런 가혹한 것이 아니었으나, 아바스 왕조의 사와드 지방에서는 예외적으로 노예를 사용했던 것으로 보인다. 이 지방의 토지는 하천이 운반해온 양분으로 풍요로웠고, 고도가 낮은 데다 나일강처럼 정기적인 홍수도 없었기에 염해가 골칫거리였다. 대규모의 토지 개량을 진행하기 위해 노예들을 노동에 동원했던 것이다.

이 지방에서는 노예들의 노동에 의한 사탕수수 재배도 이루어졌다. 대규모 농업, 사탕수수, 흑인 노예쯤 나오면 근대의 서인도제도나 미국 남부를 연상하는 사람이 많을지도 모르겠다. 경제 효율이라는 면에서 생각하면, 시대는 다르다 해도 비슷한 시스템이 탄생할 수도 있다.

사와드 지방에서는 9세기에 '잔주의 난'이라 불리는 노예의 대반란이 일어났다. 단, 이것은 아바스 왕조의 지배에 대항하는 아랍 귀족들의 선도에 의한 것이며, 요즘 말하는 인권 사상에 의한 봉기라 볼 수는 없다. 아바스 왕조는 토벌군을 보냈으며, 반란군에 대해 가혹한 제재가 이루어졌다.

중동의 쌀

중동 요리 레스토랑에 방문한 사람은 쌀을 이용한 요리를 맛본 적이 있을지도 모르겠다. 필라프의 어원은 페르시아어 폴로(polow, 쌀이라는 뜻)이다. 이란과 튀르키예에는 쌀을 이용한 요리가 많다. 이란의 폴로 요리는 '누룽지'가 있는 것을 더 기뻐했으며, 손님에게는 '누룽지'를 대접하게 되어 있다. 일본 회사가 이란에 밥솥을 수출할 때는 어떻게 해야 '누룽지'를 만들 수 있는지를 연구했던 모양이다. 「크리스찬 중매인 이야기」나 카이로를 무대로 전개되는 「상인 우마르와 세 아들, 살림과 사림과 자우달 이야기」에는 '후추를 넣은 밥(루즈 무파르파르)'이 나온다. 버턴판, 도요분코판 모두 똑같이 번역되어 있으므로 이것은 '(필라프처럼) 알갱이가 따로 노는 밥'이라는 설도 있다. 루즈는 '쌀', 무파르파르는 '후추의, 후추를 쓴' 등의 의미가 있으나, 이 무파르파르가 '후추 알갱이 같은(=알갱이들이 서로 달라붙지 않은, 따로 노는) 상태'를 가리킨다는 해석도 있다.

쌀은 아바스 왕조의 식탁에도 등장했다. 단, 주식으로서가 아니라 설탕과 우유를 사용한 달콤한 요리의 재료로 쓰이는 경우가 많았다.

「이집트인 알리 앗자이바쿠 이야기」(제14권)에는 '렌틸콩과 쌀과 육즙과 스튜와 장

아라비안나이트에 등장하는 쌀 요리.

미수로 만든 요리, 여섯 그릇째는 쌀과 벌꿀로 만든 달콤한 요리'가 등장한다. 이 '쌀과 벌꿀로 만든 달콤한 요리'를 버턴은 '노란 쌀 요리'로 번역했으며, '사프란과 벌꿀을 이용한 쌀 요리'라는 주석을 달아놓았다.

쌀을 이용한 달콤한 요리는 굉장히 사랑을 받은 모양이다. 자히즈와 같은 시대 인물인 아스마이에 의하면, 호라산의 지사였던 이븐 쿠타이바는 "하얀 쌀에 버터와 설탕을 뿌린 요리는 궁극의 맛"이라고 말했던 모양이다. 쌀을 사용한 달콤한 요리는 수피(신비주의자)들도 좋아했는데, 우유와 쌀의 조합을 이길 수 있는 요리는 없다고 단언한 사람도 있었다.

일본인 안에 있는 이미지로는 아랍 세계와 쌀을 연결하기가 쉽지 않지만, 벼의 학명은 오리자(라틴어 Oryza), 아랍어로는 아루즈(혹은 루즈)이며, 어원이 같은 것으로 여겨지고 있다. 티그리스·유프라테스 강 하류의 대습지대에서는 예로부터 벼가 재배되었음이 알려져 있으며, 아바스 왕조 초기에는 재배 지역이 굉장히 넓게 확대된 모양이다. 아라비안나이트의 풍요로운 세계를 연출한 것 중 하나는 농업 혁명이었다고 할 수 있을 것이다.

아라비안나이트와 커피

　아랍 세계에서 커피를 즐겨 마시게 된 것은 그렇게 오래전 일이 아니다. 아라비안나이트에는 커피나 커피 하우스가 나오는 이야기가 몇 가지 존재한다. 이것은 그 이야기가 비교적 새로운 것이거나, 혹은 후대에 다시 쓰인 이야기임을 의미한다. 아마도 근세 이후에 성립된 것으로 여겨지는 「알라딘」 이야기에도 커피가 등장하며, 알라딘이 용연향(龍涎香, 향유고래의 소화기관에서 생성되는 무채색 덩어리. 향료로 쓰인다-역주)이 들어간 커피를 마신다. 장비수나 카다멈(cardamom) 등으로 커피에 향을 입히는 경우도 있었다.

　커피의 '발견'자로는 이슬람의 수피(수행자, 탁발승)와 기독교 수도승이라는 두 가지 설이 있다. 양치기가 붉은 열매를 먹고 기운을 차린 양을 보고 커피를 발견했다는 에티오피아 기원 전설은 17세기 이후 유럽인의 기사에는 자주 보이지만, 아랍 측의 기록에는 보이지 않는다. 아랍 측의 역사 자료에 의하면, 커피의 기원은 예멘이며 수피 교단의 활동과 관계가 있었던 모양이다.

　솔로몬 왕이 여행 중에 원인불명의 전염병이 유행하는 마을을 지나갈 때, 천사 가브리엘의 명령으로 예멘에서 건너온 커피콩을 끓인 음료를 주민들에게 주었다는 전설이나, 옴 치료용으로 커피가 널리 퍼졌다는 기록이 있다. 이런 것들로 미루어보아 커피를 마시

Column

카이로의 커피 원두 매장.

게 된 계기는 약효 때문이었던 것으로 보인다.

  커피 음용은 교단 활동 등을 통해 퍼져나갔다. 1510년대에는 최초의 커피 하우스가 탄생했다. 커피 하우스는 순례 카라반 등을 통해 시리아로 퍼졌으며, 16세기 중반 무렵에는 이스탄불에서도 유행했다. 1511년에는 커피가 샤리아(종교법) 위반으로 간주되었고, 그 이후 몇 번이고 커피 금지령이 발령되었으나 커피를 좋아하는 술탄이 많기도 해 금지령이 엄격하게 지켜지지는 않았던 것 같다.

  16세기 이후가 되면 배달 커피점, 커피 하우스, 길거리에서의 커피 판매(16세기 파리에는 레반트 출신의 커피 상인이 있었다)처럼 다양한 형태의 커피 장사가 나타났다. 커피 하우스는 문학 활동, 음악(재주꾼과 악사), 회화와 사교(정보 교환) 등의 장이 되었으나, 한편으로는 아편이나 매춘(여성과 남성)의 소굴이기도 했다.

눈뜨고 일어나는 자

버턴판에서

바그다드에 아부 하산이라는 남자가 살고 있었다. 돌아가신 아버지가 남긴 막대한 유산으로 친구들을 대접하곤 했는데, 돈을 전부 다 써버렸을 즈음에는 친구가 한 명도 남김없이 그의 곁을 떠났고, 인사조차 해주지 않았다. 다행히 유산의 절반은 건드리지 않은 상태였으나, 인정을 베풀어봐야 덧없음을 깨닫고 질려버린 아부 하산은 앞으로는 손님을 대접하는 건 한 사람당 한 번만 하기로 굳게 결심했다.

어느 날, 칼리파 하룬 알라시드는 잠도 못 잔 상태로 자파르와 마스루르를 거느리고 마을을 산책하는 동안 아부 하산의 손님이 되었다. 주인의 사정을 들은 칼리파는 아부 하산의 잔에 몰래 수면제(반주)를 넣어 재우더니 궁전으로 데려가 칼리파의 옷을 입히고 칼리파의 침대에서 잠을 자게 했다.

아부 하산이 눈을 뜨자 신하들이 엎드려 있었다. 영문을 알지도 못한 채로 칼리파가 된 기분이 되어 전부터 원한을 품었던 모스크(mosque, 이슬람교 사원-역주)의 이맘(imam, 모스크에서 집단 예배의 선도자-역

눈을 떠보니 칼리파 님의 침대에 있었다. 1870년대 영국의 삽화.

가짜 칼리파는 크게 신나서 야단법석을 떨었다. 1870년대 영국의 삽화.

주)들을 벌하고, 밤이 되니 여자들을 상대로 장난을 쳐댔다. 이윽고 단 하룻밤의 칼리파는 다시 반주로 잠재워져 자택으로 돌아가게 되었고, 이야기를 믿으려고도 하지 않는 모친과 언쟁하다가 병원으로 끌려가고 만다.

얼마 후 자택으로 돌아온 아부 하산은 또다시 칼리파 일행과 만나고, 세 사람을 대접하게 된다. 이번에도 반주를 먹고 궁전으로 옮겨져 여자들과 끝없이 장난을 치고, 마지막에는 전라 상태로 춤을 추는 바람에 숨어서 상황을 보던 칼리파는 뒤집어지듯이 웃기 시작했다. 마지막에는 칼리파가 정체를 밝히고, 아부 하산을 궁정 직

잠든 사이에 궁전에서 쫓겨나고 말았다. 1870년대 영국의 삽화.

속 광대로 불러들이게 되었다.

아부 하산은 왕비 즈바이다의 시녀와 가정을 꾸리게 되지만, 칼리파가 내린 돈을 전부 써버렸기 때문에 부부가 함께 계략을 꾸민다. 한쪽이 죽은 것으로 하고 칼리파와 즈바이다 양쪽에 각각 울면서 호소한 것이다. 칼리파도 즈바이다도 완전히 속아 넘어가 부부 모두 애도의 물품을 받게 되지만, 이번에는 칼리파 부부 사이에서 진짜 죽은 게 어느 쪽인지를 둘러싸고 언쟁이 벌어지고 급기야는 내기까지 하게 되고 말았다.

하산의 집을 찾아가보니, 부부가 모두 죽은 자의 모습으로 누워 있었다. 곤란해진 칼리파가 "어느 쪽이 죽었는지 사실을 아는 자에게 1,000디나르를 내리겠다"고 하자, 죽었을 터인 아부 하산이 벌떡 일어나 실은 이러쿵저러쿵하다며 이유를 설명했기에 칼리파 부부는 크게 웃으며 두 사람을 용서했다. 아부 하산 부부는 애도의 물품 외에도 상금 1,000디나르도 챙겨 죽음이 두 사람을 갈라놓을 때까지 사이좋게 함께했다.

아지즈와 아지자

제113야~제129야

 어느 돈 많은 상인이 세상을 떠나고, 외동아들이자 상냥한 남자 아지즈가 남게 되었다. 아지즈는 숙부의 집에서 자랐고, 숙부의 딸로 사촌 동생에 해당하는 아지자와 결혼하게 되었다. 결혼식 준비도 갖추어지고, 신랑이 되어야 할 아지즈는 하맘(공중목욕탕)에서 몸치장을 하더니 친구의 집으로 갔다. 가는 도중 앉아서 쉬고 있는데 영양을 수놓은 손수건이 팔랑거리며 떨어졌다. 손수건이 떨어진 방향을 올려다보니 본 적도 없는 미녀가 자신을 바라보며 손가락을 이용해 이상한 사인을 보냈다.

 아지즈는 완전히 흥분해서 아지자에게 돌아갔지만, 결혼식의 초대 손님들은 기다리다 지쳐 돌아가버린 후였다. 하지만 아지자는 원망 섞인 말 한마디 하지 않았고, 그 여자가 보여줬다는 이상한 사인의 의미를 아지즈에게 가르쳐주었다.

 아지즈는 사촌 동생이 가르쳐준 대로 해서 그 미녀를 다시 볼 수 있었지만, 이번에도 상대는 거울과 붉은 천을 이용해 이상한 사인을 보내왔다. 바람을 맞은 아지즈는 아지자에게 화풀이로 심한 짓

아지자는 한심한 약혼자 아지즈에게 헌신적인 사랑을 바친다. 윌리엄 하비(William Harvey)의 그림.

을 하고 만다. 하지만 갸륵한 사랑을 바치는 아지자 덕분에 마지막에는 문제의 미녀와 밀회하게 되고, 꿈만 같은 하룻밤을 보내게 된다.

아지자는 아지즈의 이야기를 들으며 울고 있었지만, 결국 너무나도 슬픈 나머지 돌아올 수 없는 사람이 되고 만다. 아지즈에게서 아지자의 불행한 운명을 듣게 된 미녀는 아지즈의 한심함에 화를 내며 아지자의 죽음을 애도했다.

아지즈는 이윽고 아지자를 완전히 잊어버리고 미녀와의 밀회를 꿈꾸며 저택 주변을 어슬렁거리는 동안 한 노파와 만난다. 편지를 읽어주었으면 한다는 노파를 따라 집으로 들어가니 그곳에는 젊은 딸이 있었고, 아지즈는 강제로 관계를 강요당해 남편이 되고 만다. 1년이 흘러 남자 아이도 태어나고, 오랜만에 밖으로 나가게 되었다. 그 저택으로 가보니 그 미녀가 수척해진 모습으로 아지즈를 맞이했다. 하지만 다른 여자와의 일을 들은 미녀는 살벌한 형상이 되

손수건에는 훌륭한 영양 그림이 수놓아져 있었다. 로데릭 맥크리(Roderick McCrea)의 그림.

었나 싶더니 여자 노예에게 명령해 아지즈를 붙잡았고, 원래라면 목숨을 빼앗아야 했지만 아지자의 순애를 보아 목숨만은 살려주겠다면서 남자의 물건을 잘라내버리고 말았다.

아지즈는 간신히 자택에 도착했고, 모친에게서 아지자가 소중히 지니고 있었다는 영양 자수를 넘겨받는다. 이것은 바로 그들의 운명이 나뉘게 된 그 결혼식 날, 팔랑이며 떨어졌던 그 손수건이었다. 손수건에는 죽음을 앞둔 아지자가 남긴 절절한 한 문장이 추가되어 있었고, 아지즈는 하염없이 목 놓아 울었다.

카마르 우자만과 부두르 공주 이야기

제171야~제249야

    페르시아를 다스리는 샤자만 왕은 고대하던 왕자를 얻었다. 왕은 아들을 카마르 우자만이라 이름 짓고, 너무 소중하게 여긴 나머지 세상과 단절시켜 키웠다. 결혼 적령기가 되어 혼담이 들어와도 왕자는 엄청난 여성 혐오자로 성장하는 바람에 부왕의 추천을 받아들이지 않았다.

    왕자는 오래된 탑에 유폐되어 있었으나, 우연히 하늘에서 내려온 진니야(jinniyya, 여성 진)가 잠든 왕자를 보고 아름다움에 잠시 숨을 멈추었다. 진니야는 간신히 욕정을 억누르고 다시 하늘로 올라가 하늘 근처에서 '세상에서 가장 아름다운 공주'를 보았다는 진과 만났다. 이 진은 먼 나라에 사는 부두르 공주의 잠자는 모습을 막 보고 온 참이었다. 하지만 진니야는 자신이 본 왕자 쪽이 더 아름답다고 주장해 논쟁은 끝이 나질 않았다. 그렇다면 실제로 두 사람을 나란히 놓고 확인해보기로 했다.

    부두르 공주는 잠들어 있는 동안 침대째로 카마르 우자만의 곁으로 옮겨졌다. 공주는 세상에 둘도 없을 정도의 미녀인데도, 유명한 남성 혐오자였기에 아직도 꿰지 않은 진주였다. 눈을 뜬 왕자는 자신의 곁에 본 적도 없을 정도로 아름다운 아가씨가 누워 있는 것을 보고 깜짝 놀라지만, 상대의 인장 반지를 자신의 손가락에 끼우는

공주는 잠들어 있는 왕자를 보고 첫눈에 반해 사랑에 빠지고 말았다. 헬렌 스트래튼(Helen Stratton)의 그림.

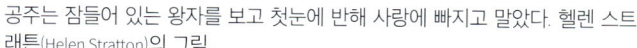

것으로 만족하고 다시 잠들었다. 이어서 눈을 뜬 부두르 공주도 왕자를 보자마자 몸이 뜨거워졌지만, 왕자의 인장 반지를 자신의 손가락에 끼우더니 왕자를 감싼 채로 잠들어버렸다. 진과 진니야 사이에서는 승부를 둘러싼 논쟁이 벌어졌고, 부두르 공주는 잠들어 있는 사이에 다시금 침대째로 자신의 방으로 옮겨졌다.

각각의 방에서 눈을 뜬 카마르 우자만과 부두르 공주는 상대를 격렬하게 사랑하게 되었고, 그 사람이 아니면 싫다고 말하며 주변 사람들을 곤란하게 만들었다. 그래서 공주의 유모의 아들 현자 마르자완이 왕자가 있는 곳을 알아내고, 사냥 도중에 살해당한 것처럼 보이게 만든 후 왕자를 부두르 공주의 나라로 데려간다.

왕자는 점술가로 변장해 상사병으로 괴로워하는 부두르 공주에게 접근하고, 공주의 부왕에게 결혼 허락을 받는 데 성공한다. 하지만 공주를 고국으로 데리고 돌아가는 도중, 공주의 속옷 끈에 뭔가 사연이 있는 듯한 보석이 빛나는 것을 발견한다. 이것을 손에 들고 계속해서 바라보는 동안, 한 마리 새가 그 보석을 훔쳐 어딘가로 날아가는 것을 쫓아가버리고 말았다. 남겨진 부두르 공주는 왕자의 옷을 입고 여행해본 적도 없는 나라에 도착하지만 너무나도 미남처럼 보였기에 국왕의 공주와 결혼하게 되고 만다.

이후, 이야기는 생각지도 못한 전개가 벌어지며, 두 연인은 재회해 사랑을 확인하고 아이까지 얻게 되나, 그 후에도 계속해서 기상천외한 이야기가 이어지게 된다.

흑단마

제358야~제371야

페르시아 국왕에게는 왕녀 둘과 왕자 하나가 있었다. 어느 날, 세 현자가 선물을 가지고 왔다. 한 사람은 시간을 알려주는 공작, 한 사람은 위급을 알려주는 나팔, 한 사람은 하늘을 나는 흑단마를 헌상한다. 이 말에는 장치가 있어서, 고삐를 조작하면 마음대로 공중을 이동할 수 있었다. 최초의 두 사람의 선물은 국왕의 마음에 들어 성공적으로 왕녀를 얻었다. 왕자가 흑단마에 타자 말은 푸른 하늘로 날아올라 순식간에 구름 저편으로 사라져버렸다. 왕자의 모습이 보이지 않게 되어 놀란 국왕은 흑단마를 헌상한 현자를 감옥에 가둬버리고 말았다.

흑단마에 탄 왕자는 어떤 커다란 마을에 이르렀고, 눈 밑으로 보이는 미려한 왕궁 옥상에 내려 그 궁전으로 들어갔다. 가보니 환관과 시녀들에게 둘러싸인 외모가 매우 아름다운 공주가 있었다. 왕자는 환관을 쓰러뜨리고 공주에게 다가갔고, 두 사람은 첫눈에 서로 사랑하는 사이가 되지만, 공주의 부왕은 아무런 말도 없이 딸의 방으로 들어온 이국의 왕자를 결코 용서하려 하지 않았다. 왕자가

서로 사랑하는 두 사람을 태워 하늘을 나는 흑단마. 존 배튼 (John Dickson Batten)의 그림.

공주를 받아내기 위한 승부를 하고 싶다고 말하자, 부왕은 기마 군대를 보내지만 왕자는 흑단마를 조종해 고난을 피한다. 너무나 왕자를 사랑한 나머지 몸져누웠던 공주를 왕자는 몰래 찾아갔고, 흑단마를 조종해 공주를 고국으로 데려간 후 별궁에 숨겼다.

그 별궁에는 약초원이 있었으며, 흑단마를 헌상한 현자가 우연히 약초를 찾아 방문해 있었다. 현자는 왕자가 무사히 돌아왔으므로

고삐를 조작하자 생각한 대로 하늘을 날 수 있었다. 에드먼드 뒬락(Edmund Dulac)의 그림.

다시금 자유의 몸이 되었던 것이다. 공주의 몸은 사향 향기를 띠고 있었기에 그 향기를 따라 현자가 나아가자 자신이 헌상한 흑단마가 있었다. 현자는 이 공주야말로 왕자가 숨기는 상대임을 알아채고, 감언이설을 하며 다가가더니 함께 흑단마에 올라타고 아득한 저 멀리로 날아가버리고 말았다.

 왕자는 혼례 준비를 마치자 용기를 내어 공주를 맞이하러 가지만 별궁은 텅 비어 있었다. 왕자는 공주의 뒤를 쫓았고, 수많은 고생을 거듭해 행방을 알아내는 데 성공한다. 이보다 먼저 흑단마에 탄 공주와 현자는 어떤 나라에 도착했는데, 현자는 감옥으로 잡혀가고 공주는 왕궁에 붙잡혀 있었다. 왕자는 흑단마의 위치를 확인하더니, 페르시아의 의사인 척하면서 공주에게 접근했다. 공주는 왕자 생각만 하다가 병상에 누워 있었으나, 왕자는 공주에게 몰래 귀띔을 해 성공적으로 흑단마에 다가가고, 둘이서 말에 올라타 그대로 하늘 높이 날아올라 고국에 도착했다. 공주의 부왕과도 화해하고, 두 사람은 운명이 두 사람을 갈라놓을 때까지 사이좋게 함께 살았다.

현자는 공주를 속여 유괴하더니, 흑단마에 타고 저 멀리 날아가버리고 말았다. 월터 패짓(Walter Paget)의 그림.

바그다드의 요괴 저택

제425야~제434야

바그다드에서 태어난 보석상 하산에게는 카이로에서 태어난 알리라는 아들이 있었다. 하산이 막대한 재산을 남기고 타계하자, 알리는 처음엔 상복을 입었지만 나쁜 친구의 꼬임에 빠져 놀러 다니게 되었다. 이렇게 유산을 전부 탕진해버리고, 아내가 구걸을 나서야 할 정도가 되어버렸다. 알리도 어떻게든 돈을 마련해보려고 계속 여행하는 동안 상인 일행과 함께하게 되어 바그다드로 향하게 되었다. 그런데 바그다드 코앞까지 왔을 때, 도적 무리를 만나 대부분의 상품을 빼앗겨버리고 만다. 이때 알리가 가지고 있던 것은 금화 한 닢뿐이었다.

자신을 거두어준 상인이 집을 마련해준다고 하기에 집 한 채를 선택했다. 그 집에 머무는 사람은 다음 날 아침에는 반드시 죽어버린다고 한다. 알리는 의지할 데 하나 없는 자신의 처지에 자포자기 상태가 되어 있었기 때문에 그런 거라면 지금의 자신에게 안성맞춤이라 생각하고 문제의 그 집에 머물기로 했다.

밤이 되자 어디선가 목소리가 들려와 "하산의 아들 알리여, 황금천장에서 알리에게 산더미 같은 금화가 쏟아져 내렸다. 윌리엄 하비(William Harvey)의 그림.

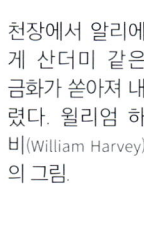

알리는 역할을 다한 목소리의 주인을 해방시켜주었다. 윌리엄 하비(William Harvey)의 그림.

의 비를 내리게 해주마"라고 말했다. "그 황금은 어디 있지?"라고 되묻자 진짜 금화가 비처럼 쏟아져 내렸다. 목소리의 주인은 "이걸로 자유롭게 해주겠느냐?"라고 물었다. 추궁해보니 자신은 "알리를 위해 보물을 지켜왔는데, 오늘 드디어 보물의 진짜 주인과 만날 수 있었다. 그러니 이걸로 해방시켜주었으면 한다"고 말했다. 알리는 목소리의 주인에게 명해 카이로의 처자를 데려오게 하고, 목소리의 주인을 해방시켜주었다. 그 후로, 바그다드에 살게 된 알리 일가는 남아도는 재보를 사용해 왕후 같은 삶을 보내게 된다.

어느 날, 알리가 고르고 고른 보옥을 왕에게 헌상하자 왕은 굉장히 기뻐하며 알리를 대신에 임명했을 뿐만 아니라 공주를 아내로 맞이하라고 말했다. 이것을 고사하고 공주를 아들의 아내로 삼게 해달라고 부탁했다. 부탁이 받아들여져 공주는 알리의 아들 하산의 아내가 되어 성대한 축하연이 열렸다. 머지않아 병을 얻어 병상에 누운 왕은 신하들의 추천도 있어서 하산을 새로운 왕으로 삼기로 결정한다. 왕이 된 하산은 오랫동안 바그다드를 다스렸고, 선정을 펼치기로 마음먹었기에 백성들도 흠모했으며, 자식 복도 있어 행복한 일생을 보냈다.

신드바드 항해기

제537야~제566야

　하룬 알라시드가 바그다드를 다스리고 있었을 때, 짐꾼 일을 하며 살아가는 신드바드라는 남자가 있었다. 어느 날, 무거운 짐을 운반하며 어떤 저택 앞을 지나가는데, 말로 형용할 수 없는 향기와 묘한 선율이 바람에 실려 안쪽에서 불어왔다. 자기도 모르게 자신의 처지를 한탄하는 시를 읊었더니, 저택 안에서 모습을 드러낸 소년이 부디 들어오시라며 안으로 초대했다. 주인이 대화를 하고 싶어 한다는 것이었다.
　안으로 들어가자 위풍당당한 백발노인이 있었고, 자꾸만 요리를 권했다. 노인이 이름을 물어 신드바드라고 대답하자, 노인의 이름도 마찬가지로 신드바드라고 했다. 바다의 신드바드라 불리던 그 노인은 신비한 항해에 대해 말하기 시작했다….

제1항해

"항해를 계속하면서 어떤 섬에 도착했고, 요리하고 세탁을 하는 등 바쁘게 지내고 있었는데, 배에 남아 있던 선장이 갑자기 큰 소리로 빨리 배로 돌아오라는 겁니다. 섬이라고 생각했던 건 실은 거대한 물고기의 등이었던 겁니다. 등에서 불을 피운 탓에 물고기가 난동을 부리기 시작했고, 섬이라 보였던 것은 순식간에 가

섬이라 생각했던 것은 실은 거대한 물고기의 등이었다. 레옹 카레(Leon Carre)의 그림.

라앉고 있었습니다. 저는 대야에 타고 위기에서 벗어나 어떤 섬에 표류했습니다. 이 섬에서는 초승달이 뜨면 바다에서 수컷 바다의 말이 나타나 섬에 묶여 있던 암말과 교미를 한다는 겁니다. 저는 바다의 말의 새끼를 밴 암말을 왕에게 데려가는 사람들과 동행해 왕궁으로 안내되었고, 한동안 그 땅에 머문 후에 바그다드로 돌아왔습니다."

제2항해

"아름다운 섬에 상륙한 후 선잠이 드는 바람에 눈을 떠보니 배는 이미 출항한 후였습니다. 나무에 올라가 둘러보니 새하얗고 거대한 물체가 보여서 그곳을 목표로 나아갔습니다. 그러자 별안간 하늘이

하늘이 어두워졌나 싶더니 거대한 괴조가 나타났다. 에드워드 데트몰드(Edward Detmold)의 그림.

어두워졌나 싶더니 거대한 괴조가 모습을 드러냈습니다. 하얀 돔으로 보였던 것은 괴조의 알이었습니다. 저는 터번을 풀어 제 몸을 괴조의 다리에 단단히 묶었습니다. 적당한 장소에서 터번을 풀고 지상에 내려서자 그곳은 다이아몬드 계곡이었습니다. 이번에는 짐승 고기를 등에 묶고 독수리가 내려오기를 기다렸습니다. 독수리는 고기와 함께 저를 계곡에서 끌어올려주었습니다. 가지고 올 수 있을 만큼의 다이아몬드를 가지고 온 것은 말할 것도 없겠지요."

제3항해

"우리가 남겨진 섬에는 사나운 거인이 살고 있었고, 인간을 주식으로 삼고 있었던 겁니다. 거인은 동료들을 지면에 내동댕이쳐 죽이고는 꼬치에 꿰어 불로 구웠고, 잘 구워지니 쩝쩝거리며 먹어버리고 말았습니다. 저는 살아남은 동료들과 상담해 2개의 철 꼬치를 새빨갛게 달군 다음, 잠들어 있던 거인의 양 눈을 찔렀습니다. 우리는 서둘러 작은 배를 타고 바다로 나갔지만, 거인이 여자 거인을 데리고 돌아와 거대한 돌을 던졌기에 몇 명의 동료가 목숨을 잃고 말았

섬에는 사나운 괴물이 있었고, 인간을 먹고 살고 있었다. 윌리엄 하비(William Harvey)의 그림.

습니다. 거인의 섬에서 작은 배를 타고 도망치긴 했지만, 남은 동료들은 큰 뱀에게 통째로 삼켜져버렸습니다. 다행히 저는 간신히 화를 피할 수 있었습니다."

제4항해

"우리가 탄 배는 폭풍우를 만나 조난되었고, 저는 어떤 섬에 표류해 국왕 앞으로 가게 되었습니다. 그 섬에는 안장이 없었기 때문에 저는 안장을 만들어 국왕에게 헌상하고 엄청난 부를 손에 넣을 수 있었습니다. 아내를 맞이해 행복한 결혼 생활을 보내고 있었는데, 아내는 병이 들어 세상을 떠나고 장례식을

살아남은 동료는 큰 뱀에게 삼켜져버렸다. 레옹 카레(Leon Carre)의 그림.

치르게 되었습니다. 놀랍게도 이 나라에서는 부부 중 어느 한쪽이 먼저 죽으면 남은 쪽도 산 채로 묘지에 들어갔던 겁니다. 저도 아내의 시신과 함께 묘에 들어갔지만, 산 채로 매장 당한 사람이 있을 때마다 그 사람을 죽이면 소지품을 빼앗거나 하여 간신히 목숨을 부지할 수 있었습니다. 이윽고 운 좋게 한줄기 불빛을 발견해 그쪽 방향으로 걸어가니 동굴의 갈라진 틈에 도달했습니다. 이렇게 다시 지상으로 올라와 바그다드로 돌아올 수 있었습니다."

폭풍우를 만나 배가 조난되고, 어느 섬에 표류하게 된다. 귀스타브 도레(Paul Gustave Doré)의 그림.

이 섬에서는 부부 어느 한쪽이 먼저 죽으면 남은 쪽도 산 채로 매장된다. 귀스타브 도레(Paul Gustave Doré)의 그림.

제5항해

"무인도에 배가 도착해 상륙하자 거기에는 대괴조의 알이 있었습니다. 아무것도 모르는 사람들이 알을 두들겨보는 동안 괴조의 새끼가 나왔기에 이걸 죽여서 고기를 얻었습니다. 저는 그 소식을 듣고 깜짝 놀라 그곳으로 달려가 그만두라고 했지만, 이미 늦어 분노한 어미

새가 배에 큰 바위를 떨어뜨렸기에 배가 산산조각이 나고 말았습니다. 저는 판자에 매달려 간신히 섬에 도착했습니다. 정신을 차린 후에 섬을 돌아다녀보니, 작은 강 옆에 한 노인이 앉아 있는 것이 보였습니다. 노인에게 다가가니 몸짓으로 뒤로 돌라고 하기에 그

노인은 도무지 등에서 내려오지 않았다. 아서 래컴(Arthur Rackham)의 그림.

대로 했는데, 아무리 시간이 지나도 제 등에 올라탄 노인이 등에서 내려오질 않았습니다. 너무나도 괴로웠기에 그 노인이 술을 마시고 제 정신이 아닐 때 땅으로 집어던져 죽여버렸습니다. 나중에 들자니 그 괴인은 '바다의 노인'이라 불리던 모양입니다."

제6항해

"우리가 탄 배는 폭풍우를 만나 산산조각이 나버렸고, 저는 어떤 바위산에 도착했습니다. 이 바위산이 있는 섬에서는 용연향의 샘이 분출되는 모습을 볼 수 있었던 겁니다. 함께 표류한 동료는 차례로 죽어갔고, 결국 저 혼자 남게 되었습니다. 저는 난파선의 판자를 이용해 뗏목을 만들어 해안에 흩어져 있던 보석과 진주, 생용연향 등을 주워 모아 뗏목을 타고 강을 따라 내려갔습니다. 이윽고 어떤 좁은 수로에 이르렀는데, 어두워서 낮인지 밤인지도 구별이 되지 않았지만 운 좋게도 어떤 마을에 표류하게 되어 바그바드로 가는 배에 탈 수 있었습니다."

제7항해

"저는 칼리파 님의 명령을 받아 사란디브(Saranndib, 현 스리랑카)의 국왕에게 친서와 선물을 전달하게 되었습니다. 칼리파 님의 선물

코끼리 묘지를 발견해 상아를 얻을 수 있었다. 에드워드 데트몰드(Edward Detmold)의 그림.

에는 말 한 마리, 호화로운 안장, 서적, 의복, 이집트의 천, 심홍색 카펫, 무명, 고대 이집트의 유리그릇, 솔로몬의 식탁 등이 들어 있었습니다. 사란디브의 국왕에게도 수많은 물건을 받아 귀국길에 올랐는데, 도중에 도적에게 붙잡혀 어떤 섬으로 팔려버리고 말았습니다. 다행히 친절한 사람의 도움을 받아 코끼리 묘지를 발견하게 되어 상아를 팔아 여비를 마련했습니다. 이렇게 알라의 은혜를 받아 귀국하고, 다시금 칼리파 님을 뵐 수가 있었습니다."

바다의 실크로드

아라비아라는 말을 들으면, 무엇보다 먼저 사막을 떠올리는 사람이 많지 않을까. 하지만 동과 서를 연결한 것은 사막과 초원을 가로지르는 길만 있는 것은 아니다. 신드바드가 출항했다고 하는 바스라(현재의 이라크에 있다. 운하로 바그다드와 연결된다)를 시작으로, 중동 전역에는 수많은 항구가 있었다.

고대 아랍인이 어떤 형태로 바다로 나아갔는지에 대해서는 잘 알려져 있지 않지만, 수메르어 점토판이나 최근의 발굴 작업 등으로 아랍의 고대 문명이 인도와 메소포타미아를 잇는 항로의 중계 무역지로서 번성했다는 것이 확인되었다. 주된 무역 품목은 귀금속, 귀석(貴石), 상아, 산호 등이며, 페르시아항에서 캘 수 있는 천연 진주도 중요한 교역품이었던 것으로 보인다. 오래된 기록에 '물고기의 눈'으로 기재되어 있는 것은 진주를 말하는 듯하다.

아라비아반도 서쪽에서는 고대 이집트 시대부터 홍해를 빠져나가 소말리아와 교역했던 것 같다. 구약 성서의 솔로몬 왕은 **아카바**(시나이반도 동쪽에 위치한다. 현재는 요르단령) 부근에서 황금을

O-부다비의 다우 선박 공장.

생산하는 오피르(아마도 인도) 땅으로 선대를 출항시켰다고 한다.

이처럼 이슬람이 부흥하기 아득히 이전부터 홍해, 페르시아항, 인도양을 연결하는 항로는 번영했다. 신드바드가 활약한 바다는 선인의 지혜로 가득했던 것이다. 이제부터는 7회에 걸친 신드바드의 항해에 대해 당시의 지리서와의 관계와 향료 무역을 통해 간단히 알아보도록 하자.

바다의 상인들

아라비안나이트를 유럽에 번역해 소개한 앙투안 갈랑의 아라비안나이트에서 신드바드 이야기는 「짐꾼과 세 딸 이야기」 다음에 들어 있는데, 사실을 말하자면 신드바드 항해기는 본래 아라비안나이트와는 다른 계통의 이야기이다. 당초 갈랑은 아라비안나이트의 존재 자체를 몰랐기 때문에 독립된 사본 형태로 입수한 신드바드 항해기만 번역해서 출판을 기다리고 있었다. 그러는 동안 아라비안나이트라는 거대한 이야기 모음집이 있다는 말을 들었고, 어떻게 된 것인지 경위는 잘 알 수 없지만 신드바드 항해기도 아라비안나이트의 일부라 생각하게 되어버리고 말았다. 그리고 아라비안나이트의 간행이 시작되자 이미 번역 원고가 있던 신드바드 이야기를 삽입해버렸던 것이다.

신드바드 항해기에는 두 사람의 신드바드가 등장한다. 한 사람은 보잘것없는 짐꾼(육지의 신드바드)이었지만, 또 한 사람은 해상 무역으로 거대한 부를 쌓고 지금은 유유자적한 생활을 향유 중이었다(바다의 신드바드). 이 이야기는 바다의 신드바드가 육지의 신드바드에게 자신의 모험 이야기를 들려주는 형태로 되어 있다.

이보다 앞서 신흥 이슬람 세력은 698년에 북아프리카를 정복했고, 750년에는 바그다드에 수도를 두고 아바스 왕조가 열렸다. 832년에는 거대한 문화센터인 '바이트 알히크마(Bayt al-Hikmah, 지혜의 관)'가 설립되어 이슬람의 황금시대가 막을 열었던 것이다. 850년경에 작성된 아랍 지도에는 중국과 인도의 해안선이 그려져 있다.

서아시아에서 아바스 왕조가 전성기를 맞이했을 무렵, 중국은 당(唐)나라 시대였다. 인도양에서는 몬순(monsoon, 계절풍 중 하나-역주)을 이용한 정기 항로가 확립되었고, 무수한 배들이 동서를 왕래했다. 항해에는 다우라 불리는 삼각범(三角帆) 목조선이 사용되었으며, 10세기 또는 13세기의 자료들에 의하면 커다란 것은 200명의 승객과 3톤의 화물을 운반할 수 있었다고 한다.

신드바드 항해기는 A, B 두 종류의 판본이 전해지는데, 지금은 세세한 사정은 넘어가기로 하자. 아라비안나이트 연구자인 미아 게르하르트(Mia Gerhardt)에 의하면, 신드바드 항해기의 원형이 성립된 것은 거의 9세기 말 내지 10세기의 바그다드나 바스라이며, 13세기 또는 15세기 이집트에서 내용이 추가된 것이라 한다. 또한 신드바드는 중국까지는 가지 않았다. 그 이유에 대해서는 당나라 멸망의 원인이 된 황소의 난(875~884년)으로 항로가 단절되었기 때문이 아닌가 하는 견해가 있는데, 확증은 없다.

신비한 발견

9세기부터 10세기에 걸쳐 인도양에서 활약한 상인의 견문록이나 지리서가 차례로 편찬되었다. 신드바드 이야기는 대부분 이런 기록을 기반으로 한다. 예를 들어 이야기가 시작하자마자 등장하는 '등에 풀과 나무가 난 거대한 물고기'는 850년경 상인 슬라이만이 쓴 『중국·인도지』, 950년경 부주르크 이븐 샤흐리야르(Buzurg ibn Shahriyār)가 쓴 『인도의 신비』, 1000년경 와시프 샤가 쓴 『신비한 이야기 요약』 등에도 동일한 삽화가 들어 있다.

제2항해와 제5항해에는 대괴조가 등장한다. 아라비안나이트 속에서 괴조가 묘사돼 있는 것은 신드바드 항해기만이 아니다. 도요분코판 제10권에는 「압둘 라흐만 알 마그리비가 말한 대괴조의 이야기」라는 소설이 수록되어 있다. 괴조는 페르시

중세의 사본에 나오는 다우 선박. 『마카마』에서.

아 신화에 등장하는 거대한 괴조 시무르그(Simurgh) 등과의 관계가 지적되는데, 1800년대 초기까지 마다가스카르섬에 서식하던 이피오르니스(Aepyornis, 현재는 멸종)가 실제 모델이었던 것은 아닐까 여겨진다. 이피오르니스는 머리까지의 높이가 3m에 달했는데, 날개가 퇴화되어 하늘을 날 수는 없었다.

제2항해에는 괴조 외에도 카르카단이라는 신비한 생물이 등장한다. 카르카단은 용뇌수가 울창한 섬에 서식하며, 낙타보다 큰 몸집을 하고, 머리에는 커다란 뿔이 하나 나 있다. 뿔 내부에는 인간의 모습을 한 무늬가 있다고 한다. 이 대목은 850년경에 성립한 이븐 코르다드베(Ibn Khordadbeh)의 『제도와 제국의 서』, 앞에서도 나왔던 『중국·인도지』, 950년경에 성립한 마수디가 쓴 『황금의 목장』에도 같은 구절이 있다. 카르카단이란 코뿔소(犀)를 말하며, 용뇌수가 울창한 섬은 수마트라일 수도 있다는 이야기가 나오고 있다.

신드바드에게는 다수의 선배가 있었다. 신드바드 항해기는 그들이 남긴 기록이 없었다면 탄생하지 않았을 것이다.

신드바드가 운반한 것

7회에 걸친 항해의 화물은 대체 무엇이었을까. 사실을 말하자면, 바그다드에 살았던 신드바드가 배에 실었던 상품에 대해서 구체적으로 기술되어 있는 것은 아니다. 그때마다 "상품과 여행 도구를 사들였다"라고 적혀 있을 뿐이다. 신드바드는 항해를 떠나 목적지에 도착하기 전에 조난당하고, 실려 있던 화물을 전부 잃어버리고 만다. 재능과 운에 의지해 위험한 곳을 빠져나와 구조되는데, 표류한 곳에서 손에 넣은 재보가 있는 경우에는 그걸 이용하고, 아무것도 없을 경우에는 자신의 모험담을 말해 궁지를 헤쳐나왔던 것이다.

제4항해에서는 물품을 자본으로 삼는 대신 안장 만들기 기술을 전해줌으로써 부귀한 신분으로 등용된다. 신드바드 항해기는 다양한 지리서에 기재된 정보(실제로 본 정보도 있으나, 전해들은 정보도 있다)에 의지하는 부분이 많다. 물론 이 이야기에 나오는 묘사를 그대로 받아들일 수는 없지만, 상인을 통해 이슬람 세계의 기술이 전해진다는 전개는 앞서 말했던「염색공 아부 키르와 이발사 아부 시르 이야기」와도 공통되는 것이 있다.

기마와 활쏘기

무함마드가 세상을 떠나자(632년), 이슬람은 '세계 군사 역사상의 기적'이라고도 불리는 대정복을 이룩했다. 초기에는 군마의 숫자도 적었지만, 우마이야 왕조 시기에는 기마 군단 전용의 목장도 만들어지게 되었다. 이슬람에서는 기마 군단이 중용되었고, 640~642년 이집트 정복에서는 기마병이 주력이 되었다고 한다. 군사 노예인 맘루크가 철저하게 기마 훈련을 받아 전장에서 활약했다는 것은 잘 알려져 있다.

영어에는 '파르티안인의 (최후의) 한 발(Parthian shot, 다른 말로는 애

드리브[捨てゼリフ]'이라는 말이 있다. 기원전 3세기부터 기원후 3세기에 걸쳐 서아시아를 지배했던 파르티아 왕국의 기마병은 후방을 향해 활을 쏘는 기술에 능했다고 한다. 파르티아는 사산 왕조 페르시아에게 멸망당했으나, 기마병은 사산 왕조에서도 활약했다. 이슬람이 부흥하자 페르시아인 기마 군단이 집단으로 이슬람으로 개종한 사건도 있었다.

페르시아의 사본(1685년)에 묘사된 기사상.

아바스 왕조 때는 경마도 자주 열렸다. 이슬람에서는 도박이 금지되어 있으므로, 승자에게 상금을 주는 형식의 것이었다. 바그다드 등의 대도시에는 경마장이 있었고, 왕후나 서민들이 모이는 오락장이 되었다. 경마 등을 통해 축적된 사육 기술에 의해 우수한 아랍마가 보존되어 장래에는 서러브레드(Thoroughbred, 영국 암말에 아라비안 수말을 교배시켜 탄생시킨 경주마 품종-역주)를 탄생시키게 된 것이다.

제7항해(앞서 말한 대로, 신드바드 항해기는 A, B 두 종류의 판본이 있으며, 여기서 말하는 내용은 A판본에 의한 것이다)에서는 어떤 섬에 도착한 신드바드

가 "화살을 쏘는 기술을 익혔는가?"라는 질문을 받고, "그거라면 할 수 있다"고 대답한다. 당시 이슬람 세계에서는 궁술이 존중되었고, 활의 명수는 세간의 칭찬 세례를 받은 모양이다.

아바스 왕조 시대에는 궁술을 익히는 것이 장려되었고, 야외 스포츠로도 인기가 있었다. 활 경기도 열려 승자에게는 상금이 주어졌다. 쇠뇌(弩, 크로스보)도 사용되었으며, 하룬 알라시드는 수렵할 때 노수(弩手) 집단과 함께했다고 한다. 단, 쇠뇌가 이슬람 세계에서 보급된 것은 좀 더 훗날의 일인 모양이다. 말 위에서 다루기에는 귀찮은 구조였기 때문이다. 12, 13세기의 삽화에는 마상의 기사(파리스)가 작은 활을 휴대한 구도의 그림을 볼 수 있다.

향료의 길

신드바드가 실은 짐에 대해 구체적으로 기재된 것은 없으나, 여행지의 토산품에 대해서는 굉장히 자세하게 묘사되어 있다. 정체불명의 '바다의 노인'이 등장하는 제5항해의 귀로 때는 시나몬과 후추 산지를 방문하며, 침향목이 울창한 섬의 곁을 지나간다.

'바다의 노인'의 정체에 대해서는 여러 가지 설이 있지만 잘 알 수 없다. 다만 인간의 말을 이해하지 못한다거나 이야기의 무대 설정 등에서 오랑우탄이 아닐까 하는 견해도 있다. 오랑우탄은 보르네오섬과 수마트라섬에 서식하며, 이 두 개의 섬은 용뇌수의 자생지이기도 하다. 신드바드 항해기에는 용뇌 채집법이 기록되어 있는

데, 이 대목은 『제도와 제국의 서』나 『신비한 이야기 요약』에도 거의 같은 내용을 볼 수 있다.

모험을 마치고 바스라로 향하던 신드바드는 "크마리 침향을 생산하는 아사라트 섬의 곁을 지나갔다." 이 대목에 이어 중국(혹은 상피)의 침향을 생산하는 다른 섬이 있다는 것도 적혀 있다.

일본에서도 진귀하게 여겨지는 침향은 남해 무역의 중요한 물품이었다. 이것은

「신드바드 항해기」에 등장하는 바다의 노인. 오랑우탄의 모습으로 그려져 있다. 윌리엄 하비(William Harvey)의 그림.

열대에 자생하는 팥꽃나무과의 식물에서 얻을 수 있는 향료이다. 나무가 쓰러져 흙 속에 묻히면 오랜 시간 동안 수지가 새어나와 향을 풍기게 된다. 품질이 좋은 것은 밀도가 높아 물에 잠기기 때문에 '침향'이라는 이름이 붙었다.

크마리나 상피라는 이름의 침향은 중세 아랍 세계에서 귀하게 여겨졌다. 침향을 스파이스나 약(위장병이나 만성병용)으로 사용했던 적도 있는 모양이다. 크마르라는 것은 메콩강 유역에 있던 크메르인의 나라였다는 것이 정설이다. 중국어 문헌에는 진랍(真臘)이라 기재된 지방이다. 이어지는 구절에 중국(sini)이라 되어 있는 것은 상

피(sanfi)가 아닌가 여겨지고 있으며, 이 상피란 인도차이나 섬에 있던 참파(Champa)를 가리킨다. 아바스 왕조의 지식인은 침향과 그 산지에 대해 상당히 구체적인 정보를 지니고 있었으며, 침향이 되는 나무를 채벌한 후에 흙에 묻는 것도 알고 있었을 것으로 보인다.

쇼소인(正倉院, 일본 나라현에 있는 왕실의 유물 창고-역주)의 보물 중에 란자타이(蘭奢待, 동[東], 대[大], 사[寺] 3문자가 숨겨져 있다)라는 유명한 침향이 있다는 것은 잘 알려져 있다. 이것은 길이 1m 50cm, 무게 12kg 크기의 것이며, 아바스 왕조 전성기에 해당하는 9세기경에 헌상된 것으로 알려져 있다. 진짜 침향인지 아닌지는 알 수 없었는데, 최근의 과학 조사에서 향기 성분 조성이 확인되었다. 쇼소인에는 이 밖에도 젠센코(全浅香)라는 침향이 소장되어 있으며, 양쪽 모두 당초의 향기 성분을 그대로 보존하고 있는 것 같다. 마찬가지로 쇼소인에 소장되어 있는 백단(白檀, Sandalwood)은 1,200년의 세월이 지난 지금은 향이 완전히 날아가버린 모양이다.

바다의 향료

제6항해에서는 용연향의 샘을 목격한다. 향유고래의 장 안에서 만들어진 용연향의 정체는 오랫동안 알지 못했다. 용연향은 영어로 앰버그리스(ambergris)이며, 이것은 아랍어 암베르(amber)에서 유래했다. 호박을 영어로 앰버라 부르는데, 암베르(용연향)도 호박도 비슷한 형태이며, 해변에서 발견되기에 혼동했을 것으로 여겨지고

있다.

용연향이라 적으면 너무나도 중국 고대의 향료처럼 보이지만, 이것을 중국에 전달한 것은 아랍인으로 알려져 있다. 7세기 전반 알렉산드리아에 있던 인물이 남긴 "아랍인이 약제사에게 용연향을 가르쳐주었다"라는 기록이 용연향이 등장하는 최초의 문헌으로 여겨지고 있으며, 9세기 아랍어 문헌에는 암베르라는 이름이 보인다. 중국에 전해진 정확한 시기는 알 수 없지만, 9세기 후반에서 10세기에 걸쳐 차례로 알려지게 된 것으로 보인다.

알이드리시(Muhammad al-Idrisi)가 그린 세계 지도. 남북이 반대로 되어 있다.

아라비안나이트에는 사향과 용연향 등의 인기가 높고, 다양한 이야기에 등장한다. 용연향이 쓰이기 이전부터 중동에는 이것과 유사한 향료가 있었으며, 라다넘(labdanum)이라는 이름으로 알려져 있다. 지중해나 소아시아에 자생하는 시스투스(Cistus, 가련한 꽃을 피우며, 록로즈라는 이름으로도 알려져 있다)의 잎에서 추출할 수 있는 검은 식물성 검을 굳힌 것이 라다넘이다.

용연향은 순식간에 큰 인기를 모았고, 하룬 알라시드에 의해 탐색대가 아라비아반도 남부로 파견된 적도 있는데, 용연향이 생기는 진짜 원인은 알지 못하고 몇 가지 설이 제기되게 된다. 주된 것

중세의 사본에 묘사된 와크와크(al-Wakwak)섬. 나무에 여성이 열려 있다.

으로는 해저의 샘에서 뿜어져 나왔다는 설, 해초라는 설, 해저 생물의 배설물이라는 설 등이 있다. 신드바드가 본 용연향의 샘에 대한 기술은 『황금의 목장』이나 『중국·인도지』 등의 정보에 따른 것으로 보인다.

18세기가 되면 독일인 과학자의 손으로 용연향의 정체가 '과학적'으로 해명되는데, 10세기 아랍의 기록에는 고래가 이것을 먹는다고 기록된 것이 있으며, 13세기의 알카즈위니(Murtadha al-Musawi al-Qazwini, 『창조물의 경이』라는 박물학적 저작물을 남겼다)의 저작물에는 고래를 잡아서 체내에서 용연향을 꺼낸다고 기술되어 있다. 이런 기술은 일반적인 통념이 되지는 못했으나, 실제로 용연향을 채취하던 아랍인들은 이 향료가 큰 물고기 혹은 고래의 체내에서 발견된다는 것을 알고 있었던 듯하다.

현대의 신드바드

근대 이후가 되면 서양의 여러 나라가 인도양에 진출하는데, 이슬람은 이 해역에 확실하게 뿌리를 내려 이슬람 네트워크가 성립되어 있었다. 현대 세계에서 최대급의 무슬림 인구가 있는 나라는 동남아시아의 인도네시아와 말레이시아이다.

동남아시아에 사는 무슬림 중에는 소수이지만 아랍인 커뮤니티도 있다. 이런 아랍인은 대부분이 예멘 남부에 있는 하드라마우트(Hadramawt) 출신이다. 그들은 이슬람 이전부터 인도양 부근에 전개되어 있었다고 하며, 지금까지의 역사를 통해 단단한 상호 네트워크를 구축해왔다. 하드라미(하드라마우트 출신의 사람들)는 동아프리카에도 거점을 지녀 교역을 해왔다.

하드라마우트는 성서에도 등장하며, '죽음의 토지'라는 의미로 되어 있다. 사막으로 둘러싸여 농경지가 거의 없기 때문에 예로부터 수많은 사람들이 바다를 건너 이주했다. 그들은 기원전 5세기경부터 해상 무역에 종사했다고도 한다. 신드바드 시대에도 아랍인 커뮤니티가 동남아시아에 있었는지까지는 정확히 알 수 없지만, 18세기 후반이 되자 동남아시아로의 이주가 증가하고 상업적 네트워크가 확립되어갔다. 이 네트

싱가포르의 모스크. 싱가포르에는 무슬림이 많다.

메카 근처의 타이프에서 만난 중국인과 무슬림.

이슬람 이전의 유적에 남아 있는 '고마이누(こま犬, 신사나 절 앞에 돌로 사자 비슷하게 조각하여 놓는 한 쌍의 상·역주)'. 사우디아라비아 북서부.

워크는 제2차 세계대전 후에 쇠퇴하지만, 이슬람과 아랍이라는 아이덴티티로 맺어진 인맥은 지금도 연결되어 있다.

하드라마우트에는 타림(Tarim)이라는 마을이 있다. 예로부터 학문이 융성해 이슬람 관련 문헌이 보존되어 있는 것으로도 잘 알려져 있으며, 이슬람을 공부하기 위해 이 마을을 방문하는 하드라미도 많다. 동남아시아에서 재산을 모은 사람들 중에는 이 마을에 호화로운 묘를 만드는 사람도 있다.

예나 지금이나 이슬람 상인은 해상의 길을 종횡무진하며 사람, 물건 모두 바다를 건너 교류를 확장한다. 중동이라 뭉뚱그려 말할 수 있을 정도로 중동 세계는 좁지 않다. 달의 사막과 음탕하고 사치스러운 하렘이라는 고정 이미지에서는 한시라도 빨리 벗어나야만 할 것이다.

 **아라비안나이트의 향기**

아라비안나이트에는 수많은 향료가 등장한다. 대표적인 향료로는 무스크(사향), 앰버그리스(용연향), 장미수 등이 있다. 무스크는 사향노루의 향낭, 앰버그리스는 향유고래의 체내에서 만들어진다. 둘 다 굉장히 희귀한 것이며, 현재는 자연보호 관점에서 화학적으로 합성한 것이 대부분이다.

동물계 향이기 때문에 단독으로 냄새를 맡으면 상당히 강렬한 향이 나는데, 둘 다 아라비안나이트를 대표하는 향이다. 미녀의 몸은 무스크 향기를 낸다는 표현도 있다.

장미수는 현대 중동에서도 굉장히 자주 쓰이며, 요리나 과자에 향을 입히는 것은 물론이고 환대의 표시로 이것을 손님에게 뿌리는 관습도 당시 그대로다. 고대 이집트에서는 장미 꽃잎을 오일에 담가 향유를 만들었던 것으로 보이나, 이슬람 시대가 되면 수증기 증류법이 고안되었다. 장미 꽃잎을 증류해 수분과 유분으로 분리하는 것이다. 참고로 내부에 쌓인 수증기를 액체로 배출하기 위한 기구를 아랍어로 '알렘비크(Alembic)'라 부르는데, 이 기구와 말은 일본어에도 들어왔다. 도자기로 만든 '란비키(蘭引き)'라는 것이 바로 그것이다. 실제로 란비키와 비슷한 기구를 사용해 플로럴 워터(방향증류수)를 만든 사람의 얘기에 의하면, 상당히 귀찮은 작업이었던 모

Column

알라딘의 한 장면. 향을 피우고 있다. 버지니아 스테릿(Virginia Frances Sterrett)의 그림.

양이다. 에도 시대의 일본에서는 란비키를 이용해 만든 '꽃의 이슬(華の露)'이라는 플로럴 워터가 대히트 상품이었다고 한다.

「타지르 무르크와 두냐 공주 이야기」의 두냐 공주는 '7개의 섬들로 이루어진 장뇌의 섬들'에 살고 있었다. 장뇌는 일본에서도 방충제로 사용되며, 원래는 열대 아시아에 자생하는 거목(용뇌수)의 줄기 안에서 찾을 수 있는 수지를 가리킨다. 용뇌는 중국이나 일본에서도 귀하게 여겨지며, 옛날에는 묵에 향을 입히는 데 사용되었다(현재는 합성품을 대신 사용한다). 또한 묵에 향을 입힐 때는 「맹인 노인과 3세와 5세 소년 이야기」에 등장하는 백단향(Sandalwood, 백단)도 쓰였다. 이 외에도 아라비안나이트에는 일본에도 잘 알려진 침향도 등장한다. 향료에 관해서는 아라비아와 일본은 의외로 가까운 거리라 할 수 있을 것이다.

이슬람의 선진 기술

아라비안나이트가 정리되었다는 중세 이슬람 세계에서는 당시의 최첨단 기술이 개화했다. 아바스 왕조의 수도 바그다드는 10세기에 최전성기를 맞이하지만, 당시에는 최소로 잡아도 수십만 명의 사람들이 살고 있었던 모양이다. 중국보다 서쪽 세계에서는 최대의 도시였다.

이슬람 문화가 낳은 것은 화려한 환상 세계만은 아니었다. 현재의 과학기술에 직접 이어지는 그런 발명이나 발견이 잇따랐던 것이다. 이제 와서 지적할 것까지도 없지만, 고대 그리스의 문화유산을 물려받은 것은 이슬람 세계였다. 하지만 이슬람 세계는 이것을 물려받기만 한 것은 아니다. 독자적인 연구가 진행되었으며, 독자적인 응용이 이루어졌다. 또한 인도 문화권과 중국 문화권과의 교류를 통해 새로운 발전이 있었던 것에도 주목하자. '암흑의 중세'라는 표현은 서구 기독교 사회를 염두에 둔 단어다. 이슬람 세계에서는 중세야말로 황금시대였다. 다른 문화를 탐욕스럽게 흡수하고 언어, 종교, 문화가 다른 집단을 원만한 형태로 통합하는 데 성공한 것이다. 그야말로 팍스 이슬라미카(pax slamica)의 시대였다고 표현할 수 있을 것이다.

이슬람의 근세

　세계 최첨단의 문화를 자랑했던 이슬람 세계는 근세를 경계로 쇠락의 징조를 보였고, 결국에는 유럽 열강의 식민지가 되었다. 이처럼 명암을 가른 것은 과연 무엇이었을까. 그것은 인간의 역사와 문화에 대해 생각하는 데 있어서 커다란 문제이며, 이슬람 세계에 사는 사람들에게는 한층 더 무거운 질문이기도 하다.

　하지만 일부에서 보이는 것처럼, 문제점을 서로 간의 우열로만 좁히는 것은 너무나도 단순한 발상이 아닐까. 유럽과 이슬람의 관계가 단순한 우열론으로 결론이 날 것 같지는 않다. 아라비안나이트 등을 통해 보이는 양자의 관계는, 색안경을 쓴 눈으로 상대와 겹쳐 찍힌 자신의 모습을 찾으려 하는, 끝없는 시험의 연속인 것처럼 보인다.

　메이지(明治, 일본의 연호. 1868~1912년에 해당한다-역주) 이후의 일본인은 유럽의 문화를 탐욕스럽게 흡수했다. 그러는 한편으로 유럽의 독자적인 견해나 사고방식을 마치 인류 보편적인 것으로 착각하는 경우도 있었다. 서양에 배우고, 서양을 초월하려 했던 선인들의 노력에 경의를 표하면서도, 새로운 시점에 서서 세계사를 내려다보는 시기가 온 것은 아닐까.

　이제부터는 이슬람 문화 황금기의 과학기술을 간단히 알아보도록 하자.

근대 의학의 모체

현대는 심신이원론을 기초로 한 외과 수술을 중심으로 하는 근대 의학이 주류를 이룬다. 말할 것도 없지간, 근대 의학은 어떤 시기에 갑자기 탄생한 것이 아니다. 세계 각지에서 각각의 풍토와 문화에 적합한 형태로 전통 의학 지식과 경험이 축적되어왔다.

세계 3대 전통 의학으로 여겨지는 것은 일본인과도 매우 친숙한 한방(중의학), 인도의 아유르베다, 그리고 이슬람 세계에서 발달한 아랍 의학이다. 아랍 의학은 인도와 파키스탄에도 들어가 유나니(아랍어로 '이오니아식'이라는 의미) 의학이라는 이름으로 현재도 널리 시행되고 있다.

알다시피 중세 이슬람 세계에서는 이븐 시나(라틴명 아비켄나), 라지라는 불세출의 의사가 나왔다. 이븐 시나가 쓴 『의학전범(Canon medicinae)』은 유럽에서도 가장 권위 있는 의학서로 17세기경까지 실제로 사용되었다고 한다. 근대 이전에는 동식물이나 광물 등의 자연물에서 약을 얻었으므로, 고대 문명의 땅인 중동에는 자연의 약에 관한 풍부한 지식이 있었다. 중동을 원산지로 하는 약용 식물도 많았는데, 유명한 것으로는 향료로 쓰이는 유향이나 몰약(沒藥)에 분명한 약효 성분이 있다는 것이 알려져 있다. 몰약은 이집트의 미라에도 쓰였으므로, 미라를 약으로 처방하는 경우도 있었다. 어도

이븐 시나(Ibn Sina, 아비켄나[Avicenna])

의 장군에게 약물로 '미라(木乃伊)'가 헌상된 것은 유명한 이야기이다.

아랍 세계에서 의학이 발달한 것은 그 나름대로 이유가 있었다. 동서고금을 막론하고, 다양성을 받아들인 문화는 크게 발전하는 경우가 많다. 이슬람 문화가 황금기를 맞이할 수 있었던 것은 선행 문화의 유산을 탐욕스럽게 흡수할 정도로 도량이 컸기 때문이다.

기독교 세계로부터의 망명

이보다 앞서 로마에서 세력을 키운 기독교 내부에서는 신학상의 해석을 둘러싸고 커다란 움직임이 있었다. 알렉산드리아는 헬레니즘 세계의 일대 중심지로 번영했으나, 급속도로 세력을 키운 기독교의 입장에서 보면 이교나 이단이 만연하는 땅이기도 했다. 5세기에는 여류 학자로서 이름을 알린 히파티아(Hypatia)가 알렉산드리아의 주교였던 키릴루스(Cyrillus, 한국 가톨릭 성인명으로는 치릴로-역주)의 명령으로 참혹하게 살해당했다. 그녀는 아스트롤라베(Astrolabe, 후술)의 연구 등을 남긴 고명한 천문학자 테온의 딸이었으나, 학원으로 가는 도중에 습격당한 것이다(키릴루스는 이단과 싸운 것을 인정받아 1882년에 가톨릭 교리에서 인정하는 성인인 교회학자가 되었다).

이어서 키릴루스는 콘스탄티노플의 주교였던 네스토리우스(Nestorius) 추방에 성공했다. 소위 말하는 에페소스 공의회이다.

431년 에페소스 공의회에 이어 489년에는 네스토리우스파가 근거지로 삼았던 에데사의 대학도 폐쇄되었다. 정치역학에서는 종교적 정열이 강력한 도구로 작용하는 것이다.

문화 도시 알렉산드리아에서 쫓겨난 신플라톤주의자와 네스토리우스파 등의 지식인은 박해를 피해 사산 왕조 페르시아로 들어갔다. 페르시아는 아케메네스 왕조 무렵부터 문명 개화적인 통치를 하는 군주가 많았고, 망명해온 학자들은 군데샤푸르(Gundeshapur) 등의 마을에 정착할 수 있었다. 이 군데샤푸르가 바로 아랍 의학 발상의 땅으로 여겨진다.

이윽고 아라비아반도에서 부흥한 이슬람은 순식간에 중동 일대를 자신들의 세력권으로 만든다. 신흥 아랍군은 637년 크테시폰(Ctesiphon)을 함락시키고 동쪽으로 진군을 계속해 3년 후에는 이란 남서부에 있는 아름다운 마을에 이른다. 아랍군은 별다른 저항을 받지 않고 마을에 들어갔으며, 쓸데없는 피가 흐르는 일은 없었다. 아랍군이 본 것은 세계 최첨단을 달리는 의학교와 완비된 병원이었다. 그들이 들어간 것은 '의학의 도시'로 후세에 이름을 남기게 되는 군데샤푸르였던 것이다.

아라비안나이트의 의사들

아라비안나이트에서 활약하는 하룬 알라시드는 편두통이 지병이었다. 그의 주치의였던 부흐트 이슈는 군데샤푸르의 병원장이었고, 마찬가지로 하룬을 모셨던 의사 이븐 마사와이흐(ibn masawayh,

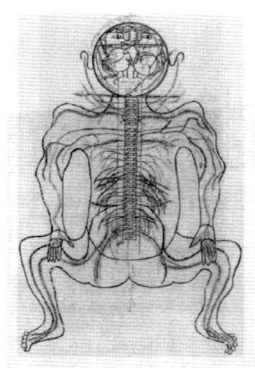

중세의 사본에 묘사된 인체 해부도.

중세 아랍 사본에 묘사된 오토마타 (Automata, 자동기계).

후술)의 아버지도 군데샤푸르 출신이었다.

부흐트 이슈는 특이한 이름처럼 들리지만, 시리아어로 '예수에게 구원받았다'라는 의미이다. 그 이름 그대로 기독교도(네스토리우스파)였다. 이븐 마사와이흐의 풀네임은 유한나 이븐 마사와이흐. 유한나란 기독교 이름 '요한'이다. 이 사람 또한 기독교도이다. 이슬람 초기에 활약한 의사 중에는 박해를 피해 도망친 기독교도와 유대인이 많았다. 그들이 초기 아랍 의학의 기수가 된 것이다. 의학의 중심이 바그다드로 옮겨진 후에도 이런 전통은 무너지지 않았다.

아라비안나이트 중에서도 굴지의 명작으로 여겨지는 「꼽추 이야기」에는 「유대인 의사 이야기」가 들어 있다. 이 의사는 다마스쿠스에 살며, 열심히 의학을 공부했다. 어느 날 총독을 모시는 백인 노예가 찾아와 총독의 아들을 진찰해달라고 한다. 총독의 저택으로 가 아들의 방에 들어가니 아들이 진맥을 위해 손을 뻗었다. 내민 손이 부정한 것으로 여겨지는 왼손이었기에 의사는 놀라지만, 여기서는 진맥이라는 단어에 주목하자. 이 의사는 환자의 맥을 짚어 처방전을 쓴다. 이것을 되풀이하는 동안 10일이 지나자 환자는 하맘(공중목욕탕)에 갈 수 있을 정도로 회복했다.

중국·인도의 의학

확실하게 확인된 것은 아니나, 이 진맥이라는 것은 중국에서 전해진 것이 아닌가 하는 지적이 있다. 맥을 짚어 병을 진단하는 것은 중국이나 인도에서는 예로부터 쓰이던 방법이다. 이븐 시나의『의학전범』에는 맥을 짚는 진단법이 상세히 기록되어 있다.

이븐 시나는 현재의 아프가니스탄에 가까운 우즈베키스탄의 부하라(Buxoro)에서 태어났다. 그의 모국어는 아랍어가 아니고 페르시아어였다. 또 아라비안나이트에서 활약하는 바르마크 가문도 아프가니스탄의 발흐(Balkh) 출신이며, 원래는 불교 신자였던 것으로 보인다. 바르마크 가문의 선조 중에는 인도로 유학해 의학 지식을 배운 사람도 있었다. 바르마크 가문이 전한 환약은 만능약으로 유명해졌으며, 시나의『의학전범』에도 그 이름이 기재되어 있다.

아랍의 의학 무대는 종교적 박해에서 도망친 유대인이나 네스토리우스파 기독교도만 활약한 것이 아니라, 인도나 중국에서 온 요소도 중요한 역할을 수행하고 있었다. 선행하는 2대 문화권의 틈새에서 탄생한 이슬람 세계는 양쪽의 요소를 받아들여 잘 혼합함으로써 새로운 문화를 창조했다고도 할 수 있을 것이다.

하시슈, 사리풀, 아편

아랍 의학을 다루는 김에 잠깐 옆길로 빠져서, 아라비안나이트에 등장하는 마약에 대해 알아보자.

아라비안나이트에는 마약을 둘러싼 이야기가 많다. 이 당시에 마약이란 먹는 것이었다. 쓴맛을 없애기 위해 향초 뿌리나 설탕을 더해 졸여 즙을 만들거나 과자로 만들어 먹었던 것 같다. 도요분코판 제5권에는 「하시슈를 먹은 이야기」가 들어 있다. 이 남자는 하시슈를 먹고 몽롱해져 시시한 공상에 빠진 나머지 발가벗고 길거리에서 잠드는 추태를 보인다.

하시슈(Hashiish)는 요즘 말로 하면 대마이다. 이 밖의 마약으로는 반주나 아편 등이 있었다. 반주는 강력한 수면제로 등장하며, 「아흐마드 아다나프와 하산 샤우만과 여자 사기꾼 자이나브 및 그 어머니 이야기」에서는 유명한 여자 사기꾼 다릴라의 딸 자이나브가 라이벌에게 "반주를 먹여 재우고 가진 걸 몽땅 털어가버리고" 만다. 「바그다드의 어부 할리파 이야기」에도 하룬 알라시드의 왕비 즈바이다가 젊고 아름다운 여자 노예에게 반주를 먹여 연적을 궁정에서 쫓아내려 한다.

반주는 시클론이라는 이름으로 성서에도 등장한다. 진통·진경 작용이 있으며, 현재는 속명을 단축한 형태인 사리풀이라는 이름으로 알려져 있다. 예로부터 유독 식물로 유명하며, 일본에는 자생하지 않지만 일부에서 약용 목적으로 재배된다.

아편은 예나 지금이나 대표적인 마약인데, 여기서 흥미로운 화제를 소개해둔다. 아라비안나이트와 직접적인 관계는 없으나, 이 시대에 '테리아카'라 불리는 만능약이 있었다. 원래는 그리스에서 조제된 것으로, 중동과 중국을 경유해 일본에도 제조법이 전해졌다.

테리아카의 제조법은 시대에 따라 변화해 당초의 형태를 재현하는 것은 어렵지만, 아편과 독사 고기가 기본 재료였던 듯하다. 독사의 독에 포함되어 있는 성분에 특수한 약효가 있다는 것은 확인되었으나, 테리아카에 사용할 경우에는 뱀독이 든 머리와 꼬리를 잘라버렸던 모양이라 뱀독에서 오는 약효가 있었다고는 생각하기 어려웠던 것 같다. 에도 시대 일본에서도 천연두 약으로 쓰였다는 기록이 남아 있으며, 살무사 고기를 넣었던 것으로 보인다. 고대에서부터 전해진 영약 테리아카는 지금도 시가(滋賀)현 약국에서 위장약으로 판매 중이다. 그리고 말할 것도 없지만, 현대의 테리아카에는 아편, 독사 고기 모두 들어 있지 않다.

밤하늘을 계측하다

「유대인 의사 이야기」의 다음에 오는 「재봉사 이야기」에는 아스트롤라베(천체관측기)가 등장한다. 이 「재봉사 이야기」는 아라비안나이트의 성립 연대를 결정할 때 중요한 단서이기도 하다. 이 얘기에는 아스트롤라베를 사용해 연대를 측정하는 장면이 나오기 때문이다. "…그랬더니, 거기에는 아스트롤라베가 들어 있던 겁니다. 일곱 장의 원반이 은색으로 빛나고 있었지요. 그는 그 아스트롤라베를 꺼내 들더니 태

중세 아랍 사본에 묘사된 성좌 그림.

양을 올려다보며 꽤 오랫동안 가만히 눈을 감고 있었습니다…. 연도를 말씀드리자면 헤지라(hijrah, 성천[聖遷])로부터 653년째, 달은 사파르(safar, 이슬람력의 두 번째 달 -역주), 일은 10일째, 요일은 금요일이옵니다. 이스칸다르(알렉산드로스)의 기원으로 헤아리면 칠천삼백하고도 20년째이고… 화성을 8도 6분 지났사옵니다….″ 즉, 이 이야기는 서력 1255년 3월 21일에 해당하는 것이다.

아스트롤라베라는 것은 성좌조견반(星座早見盤)을 다소 복잡하게 만든 관측기구이다. 이것이 최초로 만들어진 것은 고대 그리스 혹은 헬레니즘 시대인 것으로 알려져 있다. 9세기경에 현재 남아 있는 것과 같은 형태가 된 것으로 보인다. 대학자로 이름 높은 11세기의 알비루니(Al-Biruni) 등도 아스트롤라베에 관한 저작물을 남겼으며, 이슬람 세계에서 개량이 진행되었다.

그리고 이슬람 세계에서 거의 완성의 영역에 도달한 아스트롤라베는 이윽고 유럽에도 전해져 널리 사용되었다. 런던과 파리의 박물관에는 훌륭한 아스트롤라베 컬렉션이 있다. 정교하게 세공된 것은 서양 시장에서 컬렉터즈 아이템으로서 거래되고 있다.

아스트롤라베의 구조

아스트롤라베의 구조는 매우 단순하며, 기본적으로는 천체의 위치를 표시하는 앞판, 다수의 곡선이 새겨진 여러 개의 금속판, 삼각함수 등의 표가 새겨진 뒤판을 합쳐서 중심을 고정한 것뿐인 물건이다. 뒤판에는 앨리데이드(alidade, 조준의)라 불리는 가늘고 긴 봉이 달려 있으며, 이것을 이용해 간단한 측량을 한다. 앞판과 금속판은 자유로이 회전시킬 수 있으며, 다양하게 조합해보면서 눈금을 읽는 구조이다. 참고로 앨리데이드라는 말은 아랍어에서 유래한 것이며, 거의 그 형태 그대로 영어에 이식되었다. 앨리데이드는 측량기구의 이름이 되었으며, 지형 측량 등에 쓰인다.

아스트롤라베

아스트롤라베는 형태만 보면 중국의 풍수반과 비슷하지 않은 건 아니나, 용도를 따지자면 상당히 다른 성격을 지녔다. 이슬람 세계에서는 논리학과 수학이 크게 발전했다. 아스트롤라베는 그러한 이슬람 문화의 특징을 잘 나타낸 기구라그 할 수 있을 것이다.

구체적인 사용법 설명은 다른 곳에 양보하기로 하고, 아스트롤라베를 사용하면 일출이나 일몰 시각, 태양의 위치, 태양과 별의 자오선(meridian) 통과 시각, 남중(南中, 천체가 일주 운동에 따라 자오선을 통과하는 것-역주) 시각 등을 계산할 수 있다. 또한 천체에 관한 계산만이 아니라, 이슬람 세계에서는 빼놓을 수 없는 예배 시각 결정과 메카의 방향을 알기 위한 계산을 하는 것도 가능했다.

이처럼 아스트롤라베는 중세의 아날로그 계산기였던 것이다. 점성술사나 천문학자에게는 물론이고, 여행자에게도 필수 아이템이었다.

이슬람 세계에서 쓰인 관측기는 아스트롤라베만이 아니다. 인도

아스트롤라베를 사용하는 신드바드(1881년의 삽화).

양에서 활약한 아랍 상인들은 다양한 측량법에 능숙했다. 나침반이 쓰이게 된 것은 13세기였기에 그 이전 시대에는 북극성의 높이를 측정하는 것으로 배의 위치를 확인했다. 북극성의 높이를 알면 위도를 산출할 수 있었다. 신드바드 일행의 활약 뒤에는 측량 기술의 발전이 있었던 것이다.

알라딘의 램프

아바스 왕조의 기록을 보면, 램프의 재질은 돌, 도자기, 유리, 금속 등 다양한 종류가 있었던 것 같다. 서민은 도자기나 금속 램프를 사용했으며, 유리 램프는 고급품이었다. 알라딘이 가지고 온 램프는 흔한 금속제 램프였던 모양이다. 너무나도 지저분했기에 모친이 닦는 동안 진이 출현한 것이다. 램프에 들어 있던 기름은 올리브유였던 것으로 보인다.

올리브유는 식용과 램프 연료만이 아니라, 비누의 원료로도 중요하게 쓰였다. 비누는 올리브유와 알칼리로 만든다. 알칼리(al-qali)는 명아주과(Chenopodiaceae) 관목의 재에서 얻을 수 있다. 세계 최초로 단단한 비누를 만든 것은 아랍인이었다.

알라딘은 북아프리카에서 왔다는 마법사와 동행해 지하 동굴에서 램프를 발견한다. 이 마법사는 중동 세계(그중에서도 이집트)에서 대활약한 프로 도굴꾼이었던 건지도 모른다.

이집트는 도굴꾼의 천하였다. 도굴꾼에게는 특수한 지식이 필요했다. 자칫 실수하면 목숨이 날아가기 때문이다. 13세기에 쓰인 『카시프 알아스라르(Kashf al-Asrar, 비밀의 폭로)』에는 영화 《인디아나 존스(Indiana Jones)》를 연상케 하는 장치가 자세히 기술되어 있다. 살인 로봇 비슷한 오토마타(자동 기계)가 묘지를 지키고 있었을지도

「알라딘」에서. 낡은 램프와 새로운 램프를 교환하는 장면. 아서 래컴(Arthur Rackham)의 그림.

모른다.

 마법사는 향을 피워 땅에 묻힌 비밀 석판을 더듬어 찾아내고, 알라딘에게 순서를 설명한다. "석판을 들어 올리면 지하로 이어진 12계단이 있소. 그걸 내려가면 문이 있고, 문 너머에는 4개의 방이 있지. 방에는 금, 은, 재보가 담긴 항아리가 있을 거요. 가장 안쪽 방은 정원으로 통하는데, 정원의 나무에는 보석으로 만든 과일이 열리오. 과일은 손대지 마시오. 리완(지붕이 있는 테라스)에 도착하면, 위쪽에 램프가 있소. 30계단을 올라가 그 램프를 가져오시오…."

 이집트의 테베에는 알라딘이 들어갔던 지하실과 비슷한 묘지가 남아 있다. 사이스 왕조(기원전 7~6세기)의 프삼티크 1세(Psamtik I)를 모시던 귀족의 묘 중에 알라딘이 들어간 동굴과 매우 비슷한 것이 있는 것 같다.

알라딘과 마법의 램프

별권

옛날 옛적, 중국의 어느 마을에 알라딘이라는 소년이 있었다. 부친인 무스타파는 재봉사 일을 했는데, 아들 알라딘은 놀기만 하고 전혀 가업을 이으려 하지 않았다. 부친은 아들의 장래를 걱정하다 몸져누웠고, 곧바로 타계해버리고 만다. 알라딘은 마음을 바꾸기는커녕 점점 더 놀러 다니게 되었는데, 모친은 외동아들을 사랑했기에 직접 일하면서 정성껏 가게를 지탱했다.

어느 날, 평소처럼 거리에서 시간을 보내던 알라딘에게 모르는 남자가 친근하게 다가왔다. 얘기를 들어보니 형뻘 되는 무스타파가 그리워 마그레브(Maghreb, 북아프리카)에서 중국까지 왔다고 한다. 실은 이 인물은 마법사로, 어떤 꿍꿍이를 숨기고 알라딘에게 접근한 것이다.

마법사는 선물을 잔뜩 주어 알라딘 모자가 자신을 완전히 신용하게 만들더니, 알라딘을 교외로 데려갔다. 꽤 오래 걸어간 후 향을 피우고 주문을 외우자 대지가 갈라지며 대리석 판이 나타났다. 마법사는 인장이 있는 반지를 알라딘에게 주며, 판을 들어 올리고 지하로 내려가라고 재촉했다. 마법사의 말에 의하면, 그곳에 내려갈 수 있는 건 세상에서 알라딘 단 한 명뿐이었다. 지하에는 그 누구도 본 적이 없는 그런 재보가 가득하다고 했다.

알라딘에게 마법사가 찾아왔다. 월터 크레인(Walter Crane)의 그림. 크레인은 19세기 말 영국의 유명한 삽화가이다.

처음에는 두려워하던 알라딘이었지만, 이 말을 듣자 완전히 기뻐져 지하로 내려갔다. 마법사의 말대로 길을 따라가니 그곳에는 램프가 하나 있었다. 알라딘은 램프와 다양한 보옥들을 주머니에 넣고 출구로 돌아갔지만, 지상으로 통하는 최초의 계단이 너무 높아서 손을 뻗어도 밖에서 기다리던 마법사에게 닿지 않았다. 마법사는 알라딘이 램프를 넘겨주려 하지 않는구나 생각하고, 분노한 나머지 출구를 막고 그대로 어딘가로 가버리고 말았다.

지하에 남겨진 알라딘은 완전히 절망해서 알라에게 기도하려 했는데, 그때 인장 반지를 문지르고 말았다. 그러자 곧바로 진(마인)이 나타나 "무엇이든 소원을 들어드리지요"라고 말했다. 알라딘은 진에게 명령해 자신을 바깥 세계로 옮기게 했다. 자택으로 돌아간 알라딘은 모친에게 경위를 설명하고, 가지고 온 램프를 판 돈으로 식량을 사려고 했다. 램프가 너무나 더러웠기에 닦으려 했을 때, 거대한 진이 나타나 "무엇이든 소원을 들어드리지요"라고 말했다. 알라딘은 진에게 명령해 진수성찬을 가져오게 했다.

진수성찬을 다 먹어치우고는 요리가 담겨 있던 금 접시를 상인에게 팔았다. 알라딘에게는 상품에 관한 지식이

램프를 손에 든 알라딘. 중국 것인지 일본 것인지 잘 알 수 없는 의상에 주목. 월터 크레인(Walter Crane)의 그림.

없었기 때문에 유대인 상인이 값을 후려쳐서 사기도 했지만, 제대로 된 가격에 사주는 사람이 나타나자 알라딘은 그때까지의 생활 태도를 완전히 바꾸었다. 같이 놀던 친구와도 연을 끊고, 상인들과 친하게 지내면서 장사의 요령과 지식을 익혔다. 전에 지하 보물 창고에서 가져온 보석류가 세상에 둘도 없는 고급품이라는 것도 알게 되었다.

어느 날, 술탄의 사랑스러운 딸 바드룰바두르(Badroulbadour) 공주가 하맘(공중목욕탕)을 방문하기에 외출 금지령이 내려졌다. 공주는 아름답다고 평이 자자했는데, 알라딘은 한번 보고 싶어서 하맘의 문 뒤에 몸을 숨기고 공주가 도착하길 기다렸다. 하맘에 도착한 공주는 베일을 벗고 맨 얼굴을 드러냈고, 알라딘은 첫눈에 사랑에 빠져버리고 만다.

하맘으로 가는 부두르 공주. 몸에 두른 것은 일본의 기모노일까. 월터 크레인(Walter Crane)의 그림.

알라딘은 행렬을 꾸며 술탄에게 갔다. 월터 크레인(Walter Crane)의 그림.

자택으로 돌아간 알라딘은 어머니에게 공주에게 청혼하고 싶다고 밝힌다. 어머니는 깜짝 놀라지만, 아들의 결의가 확고함을 깨닫자 알라딘이 가지고 돌아온 보옥 종류를 지참하고 술탄을 만나러 갔다. 세상에 흔치 않은 보옥을 보고 완전히 마음을 빼앗긴 술탄은 알라딘을 공주의 남편으로 맞이하겠다고 한다.

그보다 앞서 술탄은 재상의 아들에게 공주를 주기로 약속했었다. 재상은 매우 당황해서 술탄에게 귀띔해 알라딘을 사위로 맞아들이는 것을 3개월 후로 연기하게 한다. 재상은 급히 아들과 공주의 결혼을 준비하고, 2개월 후에는 혼례 당일을 맞이하게 되었다.

알라딘은 램프를 문질러 진을 불러내더니, 신혼부부의 침대를 가져오도록 명령했다. 두 사람이 자고 있는 침대가 운반되자 알라딘은 재상의 아들을 화장실에 가두고 공주와의 사이에 검을 두고는 그 옆에서 쉬었다. 알라딘은

낡은 램프를 새 램프로 바꾸어드리지요.
월터 크레인(Walter Crane)의 그림.

알라를 두려워하는 인간이었기에 그 이상은 아무 일도 없었다.

다음 날 밤에도 똑같은 일이 되풀이되었고, 또다시 화장실에 갇혀버린 재상의 아들은 두려움에 질린 나머지 공주와의 결혼을 단념한다. 재상은 어떻게든 알라딘과 공주의 혼례를 방해하려 하지만, 알라딘은 램프의 요정에게 명해 혼례 행렬을 갖추어 술탄의 왕궁을 방문하고, 성공적으로 공주와 결혼할 수 있었다. 알라딘은 램프의 요정에게 호화로운 새 궁전을 만들게 하고 부부의 성으로 삼았으며, 관대한 공자로서 신망을 모으게 되었다.

예의 마법사는 마그레브로 돌아갔는데, 점을 쳐서 알라딘이 램프를 얻는 데 성공해 행복의 절정에 달해 있다는 사실을 알게 된다. 마법사는 중국으로 돌아가 낡은 램프를 새 램프로 바꿔준다고 하면서 마을을 돌아다녔다. 알라딘이 자리를 비웠을 때 마을에 도는 소문을 들은 공주는 호기심이 동해 남편이 소중하게 보관하던 램

알라딘과 공주는 성공적으로 마법사를 퇴치했다. 월터 크레인(Walter Crane)의 그림.

프를 마법사에게 넘겨주고 만다. 마법사는 램프의 요정을 불러내더니 공주를 궁전째로 마그레브로 옮겨버린다.

 외출했다가 돌아온 알라딘은 벌어진 사태에 놀라고, 인장 반지의 요정을 불러내 경위를 묻고는 반지의 요정에게 명해 자신을 마그레브로 옮기게 했다. 목적지에 도착해 궁전의 창문 아래 서 있었더니 공주가 모습을 드러냈으므로, 앞으로의 계획을 준비한다. 알라딘의 계략은 성공해 수면제가 든 와인을 마신 마법사는 알라딘의 손에 의해 처단된다. 알라딘은 램프의 요정에게 명령해 궁전을 중국까지 옮기고, 술탄이 세상을 떠난 후에는 그 뒤를 이어 선정을 펼쳤다. 그리고 죽음이 두 사람을 갈라놓을 때까지 부부는 사이좋게 함께했다.

황동성 이야기

제567야~제578야

　다마스쿠스의 칼리파인 압드 알말리크(Abd al-Malik) 아래에 모인 사람들이 다윗의 아들 솔로몬 왕의 업적에 대해 말하자, 탈리브 분 사하르가 신비한 이야기를 하기 시작했다. 아득히 먼 이국땅에서는 솔로몬이 진(마인)을 봉인한 병이 어부의 그물에 걸렸다는 것이다. 칼리파는 자신도 그 병을 보고 싶다고 말했고, 상이집트(Upper Egypt)의 총독 무사 알카짐(Musa al-Kazim)에게 탐색 여행을 떠나게 한다. 무사가 탈리브와 지리를 잘 아는 샤이크(sheikh, 장로)를 동반하고 계속 여행을 하는 동안, 우뚝 솟은 건물 앞에 이르렀다. 일행이 들어가니 광대한 묘지가 있었고, 철로 만든 비석이 있었다. 비석에 새겨진 문장을 읽어보니 이 묘지가 영화를 자랑하던 샤다디드(Shaddadids)의 왕자 쿠슈의 것임을 알았다.

　일행은 계속해서 여행하여 높은 언덕의 기슭에 도착했다. 올려다 보니 황동 기사상이 있었다. 기사가 든 창끝에 "기사의 손바닥을 쓰다듬어라. 기사는 회전해 나아갈 방향을 가리킬 것이니"라고 적혀있었다. 기사상이 가리키는 방향으로 나아가자 검은 돌기둥이 있

황동 기사상이 나아가야 할 길을 가리켰다. 윌리엄 하비
(William Harvey)의 그림.

었고, 그 기둥 안에는 허리까지 땅에 묻힌 기괴한 인간처럼 보이는 누군가가 있었다.

  기이하게 여긴 무사가 장로에게 질문하게 하니, 그 괴인이 이프리트(진의 일종)라는 것을 알게 되었다. 바다의 왕 중 한 명이 카닐리언(Carnelian)으로 만든 신상을 가지고 있으며, 이프리트는 이 신상 안에 들어가 명령을 내리고 있었다. 왕에게는 미모의 공주가 있었고, 이 신상을 매우 귀중하게 여겼지만, 어느 날 솔로몬 왕이 공주에게 청혼을 했다. 청혼 조건이 신상을 파괴하는 것이었기에 부왕은 노해 솔로몬 왕에게 활을 당겼다. 솔로몬 왕은 융단을 타고 날아가 인간과 진 군대를 보냈고, 신상을 조종하던 이프리트는 이와 싸

이프리트가 알려준 길을 따라가자 황동으로 만들어진 거대한 성벽으로 둘러싸인 도시가 보였다. 레옹 카레(Leon Carre)의 그림.

황동성 이야기 185

웠지만 패배해 흙투성이가 되어 돌기둥에 갇혀버린 것이었다.

장로는 이프리트에게 황동성으로 가는 길을 물었고, 일행은 앞으로 더 나아갔다. 결국 전방에 황동으로 만든 탑이 있는 거대한 성이 보였다. 하지만 어디에도 입구가 없었다. 그래서 사다리를 만들어 성벽에 걸고 한 명을 올려 보냈으나 성벽에 올라가자마자 투신해버리고 말았다. 이렇게 차례로 12명이 투신해버려서 장로가 직접 성벽을 오르기로 했다. 장로는 코란의 경구를 외워 환각을 피했고, 성문을 여는 데 성공했다.

일행이 성안으로 들어가자, 마을 주민은 전부 유골이 되어 비단 이불에 눕혀져 있었다. 궁전에는 죽은 여왕이 생전의 모습 그대로 호화로운 침대 위에 누워 있었고, 눈에는 수은이 반짝였다. 이 마을은 옛날 영화를 자랑했으나 7년에 걸친 가뭄으로 죽음을 맞이한 것이다.

무사 일행은 알라에 대한 경외심에 사로잡힌 채로 마을을 뒤로했고, 해안을 따라 걸어가다가 진이 든 병이 가라앉아 있다는 호수에 이르렀다. 그리고 그 땅을 다스리는 흑인 왕의 환대를 받고, 몇 개의 병을 칼리파에게 가지고 돌아갔다.

바다에서 온 주르나르

제739야~제756야

　페르시아의 호라산을 다스리던 샤흐르만 왕에게는 아이가 없었다. 어느 날, 성문 근처에 아름다운 아가씨를 데려온 상인이 있다고 하여 데려오게 했더니, 그야말로 이 세상 사람이라고는 생각되지 않을 정도인 아가씨의 미모에 왕은 완전히 마음을 빼앗겨버리고 말았다. 왕은 그 아가씨를 왕비로 삼고 한시도 떼어놓지 않았지만, 왕비는 한마디 말도 하지 않았다. 그리고 시간이 흘러 왕비가 밝히기를, 자신은 바다의 왕의 딸 주르나르이며 오빠 사리프와 말다툼을 한 게 원인이 되어 육지에 올라오게 되었고, 지금은 왕의 아이를 임신했다고 말했다. 달이 가득 차자 주르나르는 옥처럼 아름다운 왕자를 낳았고, 바다의 일족과의 화해도 이루어져 그 아이는 바드르 바심이라 이름 지었다.

　샤흐르만 왕이 세상을 떠난 후에는 바드르 바심이 그 뒤를 이었는데, 왕궁을 찾아온 할아버지 살리프와 어머니 주르나르가 왕비 간택에 대한 이야기를 하는 것을 듣게 되고, 이야기 도중 나온 바다의 왕 중 하나인 앗사마르달 왕의 딸 야우하라 공주에게 사랑에 빠

성문 근처에 아름다운 아가씨를 데려온 상인이 있다. 브런디지(Margaret Brundage)의 그림.

지게 된다.

　연심을 억누르지 못하게 된 바드르 바심 왕은 바다에 있는 앗사마르달 왕을 찾아간다. 앗사마르달 왕은 유명한 고집불통이라 살리프의 목을 매달려고 하지만, 오히려 자신이 붙잡혀버리고 만다. 딸인 야우하라 공주는 이 난을 피해 어떤 섬에 이르고, 높은 나무로

주르나르는 향을 피워 일족을 불러들였다. 브런디지 Margaret Brundage)의 그림.

올라가 몸을 숨겼다. 바드르 바심 왕도 후환이 두려워 그 자리를 피했으나, 운명이 이끄는 대로 야우하라 공주가 있는 섬에 발을 들여놓게 되었고, 공주가 몸을 숨긴 나무 아래에 이르렀다.

 바드르 바심 왕은 공주를 눈치 채고 내려오라고 재촉했지만, 공주는 이번 소동은 전부 이 젊은이 때문이라는 것을 알고 마법을 써서 왕을 새의 모습으로 바꾸어버린다. 공주는 여자 노예에게 명해 왕을 메마른 섬으로 데려가게 하지만, 여자 노예는 새의 모습을 한 아름다운 젊은이를 가련히 여겨 다른 섬에 두고 온다. 이윽고 그 섬을 찾아온 사냥꾼이 아름다운 백조의 모습이 된 왕을 붙잡아 국왕에게 헌상하자, 마법을 쓸 줄 알았던 그 나라의 왕비는 백조를 보자마자 바드르 바심 왕이라는 것을 간파했다.

바드르 바심 왕은 마법에 걸려 새의 모습으로 변해버린다. 브런디지(Margaret Brundage)의 그림.

왕비의 마법에 의해 인간의 모습으로 돌아온 바드르 바심 왕은 고향으로 향했고, 마법을 쓸 줄 아는 여왕 라브의 섬에 표류하게 된다. 이 섬에서는 여왕을 둘러싼 일대 파란이 일어나지만, 마지막에는 어머니 주르나르 일행의 힘으로 앗사마르달 왕과 화해하게 되고, 다행히 야우하라 공주와도 맺어지게 되었다.

바스라의 하산
날개옷을 입은 처녀

제779야~제831야

바스라에 살던 금 세공사 하산의 가게에 페르시아인 바흐람이 찾아왔다. 바흐람은 연금술의 비법을 가르쳐준다고 하산을 꼬드겨 죽이려 한다. 자신이 믿는 배화교의 신에게 하산을 희생양으로 바칠 생각이었던 것이다. 하산은 운 좋게 바흐람의 마수에서 도망쳤고, 여행을 계속하다 황야에 이르러 7명의 자매가

백조 10마리가 날아오나 싶더니 소녀의 모습이 되었다. 앨버트 레치퍼드(Albert Letchford)의 그림.

10명의 소녀는 전라가 된 채 물놀이를 시작했다. 레옹 카레(Leon Carre)의 그림.

사는 궁전으로 들어갔다.

하산은 자매의 환영을 받았고, 그녀들을 아군으로 삼아 사악한 배화교를 처단할 수 있었다.

이윽고 자매는 궁전을 비우게 되었고, 하산에게 열쇠를 넘겨주었다. 어떤 방을 열어도 상관없지만, 딱 하나 들여다봐서는 안 되는 방이 있었다. 하산은 호기심을 억누르지 못하고 금단의 문을 열어버리고 말았다. 문을 열자 연못이 있었고, 10마리의 새가 그곳으로 날아왔다. 그늘에 몸을 숨기자 새로 보였던 것은 날개옷을 입은 소녀였다. 10명의 소녀는 전라 상태가 되어 목욕하기 시작했고, 하산은 그중 한 명에게 사랑에 빠지고 만다. 성으로 돌아온 자매 중 한 명에게 날개옷을 숨겨버리면 된다는 지혜를 얻게 되고, 목표인 그 소녀를 자신의 것으로 만들 수 있었다.

하산은 자매들의 도움으로 소녀와 결혼할 수 있었지만, 고향의 노모를 떠올리고 아내를 데리고 바그다드로 돌아갔다. 두 사람 사이에서는 아이들도 태어났고, 행복한 생활이 계속되었다.

하산은 신세를 졌던 자매들을 재방문하고 싶어져 날개옷이 어디 있는지를 모친에게 밝히고 집을 떠난다. 아내는 이 대화를 듣고, 한 가지 계책을 떠올리고 하맘(공중목욕탕)으로 갔다. 그녀의 아름다움에 대한 소문은 순식간에 온 바그다드에 퍼졌고, 이것을 들은 즈바이다비(칼리파 하룬 알라시드의 정비)가 그녀를 초대했다.

왕비에게서 "무슨 재주가 있느냐"는 질문을 받은 아내는 "집에 있는 날개옷이 있다면 춤을 보여드리겠사옵니다"라고 대답해 날개옷을 되찾자 "와쿠섬으로 오시면 재회할 수 있습니다"라는 말을 남기

하산은 한 소녀의 날개옷을 숨겨버렸다. 앨버트 레치퍼드(Albert Letchford)의 그림.

고 두 아이를 데리고 마계로 날아가버리고 만다.

하산은 '와쿠섬'이라는 말을 단서로 가족의 행방을 수소문했고, 7자매와 그들의 백부 등의 도움을 받아 목적지에 도달할 수 있었다. 와쿠섬에는 여왕이 군림하고 있었고, 하산은 여왕의 유모의 도움을 받아 아내의 행방을 찾아냈다. 여왕은 하산의 아이들을 고문하면서 괴롭히지만, 하산은 마법의 두건과 지팡이를 손에 넣어 처자를 구출하고 고향으로 돌아가 행복한 가정생활을 보냈다.

하늘을 나는 양탄자
아메드 왕자와 요정 페리 바누

갈랑판에서

어떤 나라에 아들 셋과 조카 하나를 둔 국왕이 있었다. 장남은 후사인, 차남은 알리, 삼남은 아메드, 조카는 누루니하르라는 이름이었다. 세 사람의 왕자는 모두 아름다운 누루니하르를 사랑하게 된다. 부왕은 세상에서 가장 진귀한 것을 가져온 사람을 누루니하르와 결혼시키기로 했다. 세 왕자는 여행을 떠났고, 후사인 왕자는 '하늘을 나는 양탄자', 알리 왕자는 '보고 싶은 것이 보이는 망원경', 아메드 왕자는 '생명의 사과'를 가지고 돌아온다.

세 왕자가 만나 알리 왕자의 망원경을 보자 누루니하르가 죽어가고 있었다. 세 왕자는 후사인 왕자의 양탄자를 타고 궁전으로 돌아왔고, 아메드 왕자가 가져온 생명의 사과를 누루니하르의 입가에 두자 누루니하르가 숨을 다시 쉬기 시작했다. 부왕은 세 가지 중 그 어느 하나가 빠져도 공주의 목숨을 구할 수 없었을 것이라고 하며, 이번에는 활쏘기 시합을 명령한다. 가장 멀리까지 활을 쏜 사람이 공주의 남편이 되는 것이었다.

국왕에게는 누루니하르라는 아름다운 조카가 있었다. 찰스 로빈슨(Charles Robinson)의 그림.

　가장 멀리까지 활을 쏜 것은 아메드 왕자였으나, 정작 그 화살이 바위산에 떨어졌기 때문에 발견할 수가 없었다. 그래서 부왕은 두 번째로 멀리 화살을 쏜 알리 왕자를 공주의 남편으로 정했다. 실의에 빠진 후사인 왕자는 은자가 되어 궁정을 떠났다. 아메드 왕자는 화살을 찾아 여행을 떠났고, 어떤 바위산에서 자신이 쏜 것과 같은 화살을 발견했다.
　주위에는 수많은 동굴이 있었고, 그중 하나에 들어가니 지하 궁전으로 이어져 있었다. 궁전에는 말로 형용할 수 없을 만큼 아름다운 요정 페리 바누가 있었고, 두 사람은 첫눈에 서로 사랑하는 사이가 되어 맺어졌다.
　얼마 후 아메드 왕자는 부왕에게 돌아가지만, 너무나도 씀씀이가 좋은 탓에 부왕의 마음속에 의심이 생기고, 여마술사에게 명령해 아메드 왕자의 궁전을 알아내게 한다. 여마술사는 꾀병을 부려 페리 바누의 궁전으로 들어가는데, 그곳에는 세계의 그 어느 곳보다도 많은 부가 있다는 것을 알게 된다. 여마술사가 부왕에게 그 일을 아뢰자, 대신의 부추김을 받은 부왕은 남아도는 부를 지닌 아메드 왕자를 시기하고 왕좌를 노리는 것은 아닌가 의심하게 된다. 부왕은 참언에 넘어가 왕자에게 어려운 문제를 내리지만, 페리 바누의 헌신적인 사랑과 마력에 힘입어 왕자는 위기를 이겨낸다.

마지막에는 페리 바누의 형제가 등장해 재상과 여마법사는 물론이고, 지금은 적이 된 부왕을 쓰러뜨린다. 아메드 왕자는 아버지의 뒤를 이었고, 형제와도 재회하고 페리 바누와 행복하게 살았다.

세 왕자는 하늘을 나는 양탄자를 타고 고향으로 향했다. 찰스 로빈슨(Charles Robinson)의 그림.

왕자가 들어간 지하 궁전은 요정 페리 바누의 성이었다. 찰스 로빈슨(Charles Robinson)의 그림.

알리바바와 40인의 도적

별권

페르시아국에 두 사람의 형제가 있었다. 형은 카심, 동생은 알리바바라는 이름이었다. 부친이 세상을 떠나자 형제는 유산을 사이좋게 나누어 가졌는데, 형 카심은 부자의 딸과 결혼했고 장사도 순조롭게 잘되어 여유 있는 생활을 하고 있었다. 반대로 동생 알리바바는 마음씨는 좋지만 가난한 집안의 딸과 결혼해 생활도 잘 꾸려 나갈 수가 없어 빈곤한 나날을 보내고 있었다.

그러는 사이에 알리바바는 그동안 모은 돈을 털어 도끼와 당나귀를 사서 산으로 들어가 장작을 패 시장에서 파는 장사를 시작했다. 어느 날 평소처럼 산에 들어가니 흙먼지가 피어오르더니 말을 탄 남자들이 오는 것이

도적들이 보물을 옮기고 있다. 1820년대의 미국판에서. 최후에 요정이 등장한다.

보였다. 알리바바는 무서워져서 나무에 올라가 상황을 살폈고, 그들의 숫자를 세어보니 모두 합쳐 40명이었다.

말에서 내린 남자들은 각자가 커다란 자루를 메고 있었고, 두목으로 보이는 인물이 바위벽에 박혀 있는 작은 문을 향해 "참깨여, 그대의 문을 열어라! 열려라 참깨!"라고 외쳤다. 그러자 즉시 문이 열리고 남자들의 모습은 그 안으로 사라졌다. 얼마 후 일행은 문에서 밖으로 나왔지만 자루는 비어 있었다.

일행은 그 자리를 떠나고, 알리바바가 두목과 똑같은 주문을 외자 문이 열렸기에 그대로 안으로 들어갔다. 동굴 안은 전 세계에서 모은 보물로 가득 차 있었다. 그 남자들은 도적단이었던 것이다. 알리바바는 경탄하

도적은 카심의 집을 찾아내자 표시를 남겼다(1856년 출판된 미국판에서).

무르야나는 기름 항아리에 기름을 부었다. 르네 불(Rene Bull)의 그림.

며 보물로 가득한 방들을 돌아보았고, 금화를 자루에 담아 집으로 가져갔다.

집으로 돌아간 알리바바에게 경위를 들은 아내는 산더미 같은 금화를 보고 놀라며 이웃에 있는 형의 집에서 되를 빌려서 양만이라도 재두기로 했다. 아내가 되를 빌리러 가자 형수는 알리바바의 집은 굉장히 가난해서 계량할 만한 것이 아무것도 없을 텐데 하고 수상하게 여겨 되에 밀랍을 발라두었다.

형수가 다시 돌아온 되를 보니 밀랍을 발라둔 곳에 금화가 붙어 있었다. 형수는 질투심에 사로잡혀 알리바바의 비밀을 알아내라며 남편 카심을 다그친다. 카심도 욕심이 많은 성격이었기에 동생에

알리바바와 40인의 도적 201

무르야나가 기름 항아리에 기름을 붓는 장면(1856년 출판된 미국판에서).

무르야나는 숨겨두었던 단도로 두목을 찔러 죽였다(1856년의 미국판에서).

게서 보물 창고의 비밀을 듣자 용감히 산속으로 들어갔다. 그 주문으로 문이 열렸고, 보물을 잔뜩 자루에 담은 것은 좋았는데 돌아가려 할 때 주문을 깜빡해버리고 말았다. "열려라, 보리", "열려라, 밀", "열려라, 콩" 같은 말을 하며 꾸물거리는 동안 도적 일당이 돌아왔고, 카심은 그 자리에서 갈가리 찢겨버리고 말았다.

아무리 기다려도 형이 돌아오지 않는 것을 걱정한 알리바바가 "열려라, 참깨"라는 주문으로 비밀의 문을 열자, 형의 시체가 매달려 있었다. 유해를 가지고 돌아와 어찌할 바를 모르고 있었지만 형의 집에서 일하던 아비시니아(에티오피아의 옛 이름-역주) 출신의 아름다운 여자 노예 무르야나가 보통 사람들보다 훨씬 총명하다는 것을 알고 있었기에 무르야나에게 뒷일을 부탁하고 형수는 자신이 맡기로 했다.

무르야나는 우선 약재료상에게 가서 중환자용 약을 사들였다. 그리고 다음 날, 이번에는 위독한 사람에게 먹이는 약을 사들였고, 카심이 오늘 내일 하는 상태라는 인상을 남겼다. 그다음에는 누구보다도 빨리 일어나는 구두장인 무스타파에게 눈가리개를 하고 데려오더니, 산산조각이 난 유해를 꿰매게 했다. 이렇게 세상에는 병으로 죽은 것처럼 보이도록 하고, 원래 모습 그대로 장례식을 치를 수 있었다.

도적 일당은 비밀의 문을 열어보니 매달아두었던 유골이 보이지 않았다. 자신들의 비밀이 들켰다면 선수를 칠 수밖에 없었으므로, 도적 중 한 명을 마을로 보냈다. 도적은 쿠스타파의 가게에서 시체를 꿰맸다는 이야기를 듣고 사태의 전말을 간파하고, 무스타파에게 눈가리개를 하고 기억하는 대로 걸어가게 했다. 이렇게 카심의 집까지 안내를 받은 후, 표시를 해두기 우해 집의 문에 하얀 표식을 남겼다. 하지만 외출했다가 돌아온 무르야나는 금방 적의 계략을 간파하고, 근처의 집 문에 같은 표식을 남겨두었다.

밤이 되어 두목이 이끄는 일당이 찾아왔지만, 모든 집에 똑같은 표식이 있었기에 목표인 집이 어디인지 알 수가 없었다. 실패한 도적은 두목에게 처단당해버리고 말았다. 그 후, 다른 도적이 이번에는 붉은 표식을 남기고 돌아가지만, 또다시 무르야나에게 간파당해 똑같은 결말이 나고 만다.

화가 치민 두목은 자력으로 목표인 집을 찾아내고, 남은 38명 전원이 쳐들어가는 계획을 세웠다. 자신은 기름 상인으로 변장하고, 부하 도적들은 기름이 들어 있는 것처럼 보이는 가죽 자루에 몸을 숨긴 것이다. 성공적으로 알리바바의 집에 손님으로 갈 수 있게 된 두목은 결행 시기를 엿보고 있었다.

　무르야나는 손님을 대접하느라 바쁘게 일하고 있었는데, 기름이 떨어져서 기름을 좀 나눠 받으려고 하던 차에 다가오는 사람의 기척을 두목으로 착각한 부하가 그만 소리를 내고 말았다. 무르야나는 적의 계획을 간파하고, 큰 솥에 끓인 기름을 가죽 자루에 부어 전원을 저세상으로 보내버린다. 이것을 알게 된 두목은 담을 넘어 도주했다. 무르야나의 지력에 감탄한 알리바바는 그녀를 노예 신분에서 해방했다.

　부하를 전부 잃은 두목은 복수심에 불타 상인으로 변장하고 알리바바의 아들에게 접근하는 동안 친분이 쌓여 드디어 집으로 초대받기에 이른다. 알리바바도 아들도 상인의 정체는 눈치 채지 못했다. 무르야나는 집으로 찾아온 것이 단도를 숨긴 도적의 두목임을 간파하고, 무희로 변장해 잔치에 나서더니 훌륭한 칼춤을 선보인다. 그리고 반주에 쓰인 큰북을 내밀어 대가를 요구했고, 두목이 주머니를 뒤적거리는 틈에 검으로 찔러 죽여버렸다.

　무르야나의 지혜와 헌신에 감탄한 알리바바는 장남과의 결혼을 권했고, 장남도 무르야나에게 마음이 있기도 하여 이야기는 금방 마무리되었다. 성대한 혼례식이 열렸고, 1년이 지났을 즈음 다시 그 동굴에 찾아가보니, 아무도 들어간 흔적이 없었다. 그래서 가치가 있는 것들을 옮겨와 더할 나위 없이 즐거운 나날들을 보냈다.

두목 앞에서 춤추는 무르야나. 에드먼드 뒬락(Edmund Dulac)의 그림.

두목 앞에서 춤추는 무르야나. 레옹 카레(Leon Carre)의 그림.

알라딘 미스테리

자 그럼, 슬슬 『천일야』의 대스타라고도 할 수 있는 알라딘의 수수께끼를 캐보도록 하자. 갈랑의 프랑스어 번역에서는 알라딘이 중국인이라고 분명히 말한다. 그렇다는 것은, 갈랑이 아라비안나이트를 번역해 출판할 때 원본으로 썼던 시리아계 아랍어 사본에도 그렇게 적혀 있었을 것이다.

먼저 답을 적자면, 문제의 시리아계 사본에 알라딘의 이야기는 수록되어 있지 않다. 갈랑은 3권 내지 4권 정도 되는 시리아계 아랍어 사본을 기초로 아라비안나이트의 번역을 진행했다. 3권까지는 현존하며, 파리 국립도서관에 소장되어 있다.

갈랑판 아라비안나이트를 분석하면 아무래도 여기에 이어지는 4권째가 있었다는 것은 확실한 모양이다. 3권째의 마지막에는 '카마르 우자만'의 이야기가 들어 있는데, 최초의 9야 분량에서 끝난다. 이 이야기는 갈랑판 아라비안나이트에는 완전한 형태로 들어 있으므로, 갈랑은 3권짜리 시리아계 사본 이외에도 다른 자료를 가지고 있었을 것이다. 심지어 갈랑판에 들어 있는 '카마르 우자만'은 시리아계와는 다른 계통의 전승에 속하는 이야기라는 것이 확인되었다.

그렇다면 갈랑에게 있었던 환상의 4권째는 시리아계와는 다른 계통의 아랍어 사본이었던 것으로 생각된다. 갈랑은 이 환상의 4권째에서도 이야기를 번역해 출판했다. 하지만 아무래도 4권째의 번역을 마치자 '소재 부족' 상태가 되어버린 것 같다.

갈랑의 곤혹

그래서 갈랑은 어떻게 했는가? 장삿속이 넘치는 장사꾼이었다면 여기서 이야기를 날조했을지도 모른다. 아무리 그래도 갈랑은 그렇게까지는 하지 않았다.

처음에는 다음 사본은 금방 찾을 수 있겠지 하고 낙관적인 생각을 했을 것이다. 하지만 사람들에게 부탁도 해보고, 연줄을 동원해 봐도 원하는 사본은 쉽게 찾을 수가 없었다. 이스탄불에서 역병이 발생했던 것도 사본의 탐색을 방해했던 듯하다.

소재를 발견할 수가 없는데, 출판사는 원고를 독촉한다. 마치 아이디어가 고갈된 현더의 유행 작가 같지만, 갈랑은 성실한 학자였기에 나름대로 신용할 수 있는 정보원을 찾기 위해 가능한 수단은 모두 썼던 것 같다.

여기서 한나 디야브(Hanna Diyab)라는 인물이 등장한다. '한나'라는 이름만 보면 여성처럼 보이지만 그렇지 않다. 이 사람은 알레포(Aleppo, 시리아 북부의 도시-역주)에서 온 마론파(Maronites) 수도승이었다. 마론파라는 것은 동방 기독교의 일파이며, 현

레인의 『이집트 풍속지』에 묘사된 카이로의 이야기꾼.

대에도 레바논에는 수많은 신자가 있다. 레바논에는 예로부터 다양한 종교와 민족이 혼재했으며, 현대의 레바논은 대통령은 마론파 기독교도, 총리는 순나파(Ahl as-Sunnah)의 무슬림, 하원의원은 시아파(Shi'ite) 무슬림으로 정해져 있다. 단, 레바논 내전과 팔레스타인 분쟁 등의 영향도 있어서 국내의 인구 비율이 크게 변동되었고, 전통적인 분배 방식을 재검토해야 한다는 움직임도 강하다.

18세기 초반의 프랑스는 레바논을 시작으로 하는 레반트 지역의 나라들과의 인연이 깊었다. 무역상의 이유도 있지만, 프랑스 국내의 종교적인 이유도 있었다. 당시 루이 14세는 칼뱅파(Calvinism)에 대항해 가톨릭의 비밀 의식의 정통성을 뒷받침해줄 수 있는 자료를 찾고 있었다. 동방 교회는 그런 자료를 보존하고 있는 것이 아닐까 여겨졌던 것이다.

알라딘의 이야기꾼

소재 고갈에 허덕이던 갈랑은 지인 여행가를 통해 한나 디야브와 만났다. 이 디야브야말로 알라딘의 이야기를 해준 인물로 여겨지고 있다.

디야브는 알라딘 외에도 많은 이야기를 알고 있었다. 갈랑에게는 전부 17개의 이야기를 해줬다고 하며, 갈랑판 아라비안나이트에는 그중에 7개가 수록되어 있다. 하늘을 나는 양탄자가 등장하는 「아메드 왕자와 요정 페리 바누」도 디야브의 이야기 중에 들어 있었다.

갈랑의 일기를 읽어보면, 디야브는 알라딘과 그 외의 이야기를 원고로 써서 갈랑에게 전해주었던 모양이다. 문학 형태로 기록된 것으로는 이 디야브의 원고가 '가장 오래된' 알라딘이 되는 것이다. 이 원고의 행방은 알 수 없다.

이렇게 하여 알라딘은 갈랑판 아라비안나이트 안에 안착했다. 갈랑판 아라비안나이트는 일대 베스트셀러가 되어 전 권이 출판되기도 전에 유럽 각국의 언어로 번역되었다.

알라딘의 가장 초기 삽화.

갈랑은 아라비안나이트에는 제목 그대로 1,001일 밤 분량의 이야기가 들어 있을 것이라 믿고 있었다. 1,001일 밤 분량의 이야기가 있다고 믿었기 때문에 디야브와의 만남이 있었다. 디야브와 만났기 때문에 알라딘이 세상에 나온 것이다.

갈랑판 아라비안나이트는 12권까지 출판되었는데, 물론 1,001일 밤 분량의 이야기가 들어 있는 것은 아니다. 가지고 있던 3권 내지 4권의 시리아계 사본, 신드바드 항해기, 디야브에게 들은 이야기 등을 전부 담아보긴 했지만 1,001일 밤에는 도저히 미치지 못했던 것이다.

그렇다면 장삿속이 있는 사람이라면 누구나 생각하는 것이 있다. 갈랑판과 이어지는 이야기를 발견한다면, 반드시 베스트셀러가 되는 것이다. 이렇게 갈랑판의 다음 내용이 들어 있을 터인 사본 찾기가 시작되었다.

사본을 만드는 남자들

커다란 학문적 정열과 사소한(경우에 따라서는 상당히 큰) 경제적 욕구로 성실하게 사본을 찾던 사람도 있었으나, 손쉽게 가짜 사본을 만들어버린 사람도 있었다. 여기서는 샤비(Denis Chavis)와 사바그(Michael Sabbagh) 두 사람을 들어보도록 하겠다.

샤비와 사바그는 18세기 후반부터 19세기 초반에 걸쳐 프랑스에서 알라딘의 사본을 만들었다. 1789년 프랑스 대혁명에서는 우수한 능력과 기능을 지닌 사람들도 용서 없이 단두대로 보내졌다. 그 결과, 실용적인 아랍어 지식을 지닌 인재가 바닥을 보이기 시작했던 것이다. 한편, 나폴레옹의 이집트 원정의 영향도 있어서 이 시대에는 아랍어권에서 프랑스로 옮겨온 사람이 적지 않았다.

샤비는 시리아 출신이었던 것으로 보이며, 대혁명 직전에 프랑스로 옮겨온 모양이다. 파리에서의 경력에 대해서는 잘 알 수 없지만, 아랍어를 가르치며 열심히 살았던 것으로 보인다. 샤비는 갈랑판 아라비안나이트에 주목했다. 그리고 그 롱 셀러가 미완성인 채로 끝났다는 점을 깨닫게 된다.

샤비는 도서관에 다니며 아직 발견되지 않은 아라비안나이트 사본을 찾고 있었는데, 아무래도 잘되질 않았다. 샤비의 입장에서 아랍어 아라비안나이트 사본을 발견하려 했던 것은 애초에 돈이 목적이었기 때문에 발견하지 못한다면 만들어버리면 되는 일이었다.

샤비는 여기저기에서 그럴듯한 이야기를 긁어모아 '완본 아라비안나이트 사본' 작성에 착수했다. 하지만 그것도 631야까지였다.

빈틈이 없는 그는 여기서 문득 깨달았다. '완본 아라비안나이트 사본'을 처음부터 만드는 것이 아니라, 갈랑판의 뒤에 이어지는 '그럴듯한' 사본을 만들어버리는 편이 훨씬 수고를 덜 수 있는 것이 아닌가.

이리하여 샤비는 갈랑판의 후속편이라 이름 붙인 이야기를 출판사로 가져갔다. 요즘 말로 하자면 기획서 지참인 셈이다. 샤비의 기획은 채용되어 『속 천일야 이야기』로 출판되게 되었다. 단, 샤비는 초벌 번역자의 지위를 감수해야 하게 되었다. 번역은 정확했지만, 문장이 너무나도 엉터리였던 것이다.

그래서 이미 작가로 이름이 높았던 자크 카조트(Jacques Cazotte)가 『속 천일야 이야기』의 영광스러운 '번역자'가 되었다. 샤비가 엉망진창임에도 성실하게 번역한 프랑스어를 카조트가 다시 썼다. 다만 카조트는 번역자로서의 지위를 감수하지 못하고, 마음대로 창작을 하기도 했다.

또 하나의 사본

알라딘 사본을 만들어버린 범인은 한 명 더 있었다. 그의 이름은 미하엘 사바그. 이 사람은 시리아의 아크레(Acre)에서 태어나 다마스쿠스에서 제대로 된 교육을 받았다. 아랍어는 말하자면 적는 언어인 '푸스하'와 말하는 언어인 '암미야'가 있는데, 사바그는 이 양쪽을 다 할 수 있었다.

그는 나폴레옹의 이집트 원정 후에 프랑스로 넘어와 아랍어 지식을 살려 나름대로 풍족한 생활을 이어갈 수 있었다. 당시 프랑스에서는 동방 세계에 대한 관심이 단숨에 높아져 있었다. 이집트 원정에는 커다란 의미가 있었다. 갈랑 시대, 중동 세계는 꿈과 동경의 대상이었으나 19세기에는 학술 조사의 대상이 되어 이 프로세스를 통해 축적되었던 막대한 데이터가 훗날 식민지 경영에 도움이 되었던 것이다.

사바그는 1810년경 어느 동양학자의 요청에 따라 완본 아라비안나이트의 아랍어 사본이라 부르는 것을 집필했다. 이 사바그 사본은 '바그다드 사본'이라 불리며, 훗날 세계의 연구자들을 크게 당황하게 만든다. 이렇게 두 종류의 날조된 알라딘 사본이 완성되었다. 앞서 말한 '샤비 사본', 그리고 이 '바그다드 사본'이다.

그런데 갈랑판 아라비안나이트에 대해 처음부터 비판의 목소리가 없었던 것은 아니다. 당시 프랑스인의 기호에 맞추기 위해 의역한 부분과 연출 과잉인 부분이 너무 많다는 것이다. 원래 번역에 대한 생각은 시대에 따라 좌우되기 때문에 시대 배경을 생각한다면 갈랑은 그렇게 큰 죄가 아니라고 보는 견해도 있다. 어쨌든 갈랑의 번역 작업이 없었다면 아라비안나이트의 세계 문학으로의 변신은 없었을 것이기에 그 의

파리의 고서점 주인. 아라비안나이트의 컬렉터로 유명하다.

미로는 갈랑에게 큰 공이 있다 할 수 있을 것이다.

번역의 질과는 별개로, 알라딘을 둘러싼 다양한 억측이 난무했다. 원본이 된 시리아계 사본에 실려 있지 않았기 때문에 알라딘은 갈랑의 창작물이 아니냐는 의견까지 나오는 지경에 이르렀다.

알라딘의 오리지널 사본은 발견되지 않았지만, 여기서 헤르만 조탕베르(Hermann Zotenberg)라는 인물이 등장한다. 그는 파리 국립도서관에서 동양어 사본을 담당했으며, 당시 알려져 있던 모든 아라비안나이트 사본을 조사했던 것이다.

중국풍으로 묘사된 알라딘. 토머스 매켄지(Thomas Mackenzie)의 그림.

조탕베르는 수많은 사본을 '발견'했다. 오랫동안 소재 불명이었던 시리아계 사본 3권, 즉 갈랑이 번역에 사용한 아랍어 사본을 발견한 것도 이 사람이었다. 조탕베르가 했던 사본 연구는 그 후의 아라비안나이트 연구의 기초를 쌓았다고 할 수 있을 정도로 중요한 것으로 여겨진다. 그리고 1888년, 조탕베르는 어떤 고서점에서 아랍어 사본을 구입했다. 사실은 소설보다도 기이하다는 말처럼, 놀랍게도 이것이 바로 그 '바그다드 사본'이었다. 즉, 사바그가 날조한 가짜 사본이다.

사바그보다 먼저 샤비도 가짜 사본을 날조해 알라딘의 이야기를 그 안에 슬쩍 넣어놓았는데, 이 사람은 문장이 엉망진창이었다. 하지만 사바그는 다마스쿠스에서 제대로 된 아랍어 교육을 받은 적도 있었고, 꽤 유명한 문장가였던 듯하다. 사바그가 날조한 알라딘 사본에 그 대단한 조탕베르도 속아 넘어가고 말았다.

아랍어 아라비안나이트는 푸스하와 암미야가 뒤섞인 문체로 적혀 있다. 알기 쉽게 말하자면, 그 나름대로 작문 교육을 받은 지식인이 민간 어휘를 풍부하게 받아들여 써내려간 것이다. 사바그는 이러한 곡예를 잘해냈다. 그의 손에서 탄생한 알라딘은 조탕베르 정도의 전문가가 보아도 명실상부한 진짜 '아라비안나이트 사본'이었던 것이다.

이렇게 갈랑의 '오명'은 해소되었고, 알라딘은 확실히 아라비안나이트 속의 이야기인 것이 되었다.

알라딘의 정체

그렇다면 사바그의 알라딘이 가짜임을 간파한 것은 누구일까? 사실을 말하자면, 사바그 알라딘의 정체를 알게 된 것은 극히 최근의 일이다. 비밀을 폭로한 것은 하버드대학의 교수 무흐신 마흐디(Muhsin S. Mahdi)였다. 그는 아라비안나이트 연구의 중진이 되어 면밀한 사본 분석을 통해 바그다드 시기에 정리된 '원형 아라비안나이트'의 복원에 성공했다. 마흐디의 연구에 의하면, 가장 초기의 아라비안나이트는 밤의 숫자도 기껏해야 이백몇십 일의 이야기 모음집이었으며, 갈랑의 번역에 사용된 시리아계 사본과 거의 같은 내용이었다. 또한 이런 이야기들은 일정한 의도 아래 편집되어 문학적으로도 완결되어 있다는 것이 그의 견해이다.

  이리하여 샤비의 알라딘, 사바그의 알라딘 모두 가면이 벗겨지게 되었다. 샤비의 알라딘 사본을 보면, 프랑스어 어법을 그대로 아랍어로 번역한 것으로 보이는 곳이 다수 보인다.

  알라딘의 정체 찾기는 결국 원점으로 돌아온 것이다. 알라딘이란 과연 누구였던 것일까….

열려라 참깨

「알리바바와 40인의 도적」은 아라비안나이트 중에서도 가장 잘 알려져 있는 이야기 중 하나일 것이다. 단, 이 이야기도 원래 아라비안나이트에는 포함되지 않았던 듯하다. 아라비안나이트 번역자인 갈랑이 시리아인 한나 디야브에게 들은 이야기 중에 알리바바도 들어 있던 것이 아닐까 여겨진다. 「알리바바」 이야기가 기록된 오리지널 아랍어 사본에 대해서는 「알라딘」의 오리지널 사본을 둘러싼 경위와 비슷한 우여곡절이 있으며, 진짜는 아직도 발견되지 않았다.

「알리바바」에는 유명한 주문이 나온다. 누구나 한 번은 들어본 적이 있을 것이다. 바로 "열려라, 참깨"이다. 아랍어로는 "이프타흐(iftah, 열려라) 야(yā, 부르는 말) 심심(simsim, 참깨)". '세서미 스트리트(Sesame Street)'라는 TV 방송이 있는데, 영어로 참깨를 의미하는 '세서미'는 아랍어 '심심'에서 유래했다. 또한 '세서미 스트리트'라는 방송 제목은 미국에서 참깨 재배에 종사하던 노동자 마을의 대로 이름에서 유래된 것으로 알려져 있다.

여기서 대체 왜 참깨일까 하는 의문이 생기지만, 결론을 먼저 말하자면 확실하게는 모른다. 야생 참깨의 껍질이 터질 때는 굉장히 큰 소리가 나기 때문이라거나, 성적인 은유가 있는 게 아닐까라는 설 등 몇 가지 설이 있다. 「짐꾼과 세 딸 이야기」에서는 여성의 성기를 '칼집을 낸 참깨'라고 표현하는 부분도 있다.

또, 앞서 말한 것처럼 「알리바바」의 아랍어 사본이 발견되지 않기도 했기에 "열려라 참깨"가 중세 내지는 근세 아랍 사회에서 실제로 주문으로 쓰였는지도 모른다.

참깨 재배의 역사는 매우 오래되어 고대 이집트에서

1856년 미국에서 출판된 아동용 「알리바바」에서. "열려라, 참깨"의 장면을 그린 표지.

는 이미 중요한 식품이었다. 아바스 왕조 시기에는 농업 혁명이 일어나 농산물의 수확이 비약적으로 증가했고, 참깨의 재배지도 확대된 모양이다. 단, 식용유로 가장 일반적인 것은 올리브유였다. 올리브 나무는 코란에도 등장할 정도로 이 지방의 문화에 깊이 뿌리내리고 있었다. 식용 이외에도 램프의 연료나 비누의 원료가 되기도 했다. 식용유로서의 참기름은 올리브유 정도로 폭넓게 사용되지는 않았던 모양이다.

아라비안나이트와 오리엔탈리즘

이 책에서도 여러 번 다뤘던 것처럼, 아라비안나이트와 오리엔탈리즘은 깊은 관계에 있다. 하지만 한마디로 오리엔탈리즘이라 해도 시대나 지역에 따라 다양한 전개를 보여준다. 여기서는 아라비안나이트와 오리엔탈리즘의 관계를 간단히 검증해보자. 이 둘의 관계에는 깊은 문명사적 의미가 담겨 있기 때문이다.

말할 것도 없지만, 유럽 세계와 중동 이슬람 세계의 관계는 굉장히 복잡하다. 적대시한 역사가 길긴 하지만, 일방적인 적·아군 관계인 것은 아니다. 문화, 민족, 종교, 그 어느 것을 보아도 복잡하게 얽히며 쌍방의 역사가 쓰여왔다. 근대 이후의 식민지화도 어떤 시기가 되어 갑자기 유럽이 중동을 무력으로 제압한 것은 아니다. 제3자로서 중동을 바라보는 유럽의 시선도 결코 획일적이지 않았다.

스핑크스를 보는 나폴레옹. 장레옹 제롬(Jean-Léon Gérôm)의 그림.

오리엔탈리즘이라는 용어가 사람들의 입에 오르게 된 것은 그렇게 오래된 일이 아니다. 역사적으로 보면, 당초의 오리엔탈리즘이란 오리엔트(유럽의 동방 지역)라는 다른 세계에 대한 일방적인 생각을 말하는 것이었다고 정의할 수 있는데, 2003년에 세상을 떠난 팔레스타인계 미국인 에드워드 사이드(Edward W. Said)의 『오리엔탈리즘(Orientalism)』이 출판된 이후 주목받게 되었다.

이미 명작의 반열에 들어간 『오리엔탈리즘』에서는 서양 근세 이후의 유럽과 중동 세계의 관계에 예리한 메스를 들이대 오리엔탈리즘이라는 단어가 일방적이고 차별적인 타인 이해를 위한 틀로 이용된 결과, 식민지 지배의 도구가 되어버린 상황을 자세히 분석하고 있다. 이 이후로 오리엔탈리즘에 부정적인 시선이 향해지는 경우가 많아졌다.

아라비안나이트의 소개자

오리엔탈리즘을 이해하려면 중세 이래의 유럽과 중동 이슬람 세계 간의 관계부터 설명할 필요가 있는데, 지면 관계상 여기서는 아라비안나이트를 처음으로 유럽에 소개한 갈랑의 말부터 보아나가도록 하자.

갈랑이 살던 시대, 중동 이슬람 세계는 일방적인 공포의 대상이 아니게 되어 있었다. 근대 시민사회로의 길을 매진하던 유럽 사회는 다소의 여유를 가지고 동방 세계를 관찰할 수 있게 된 것이다.

에드워드 레인의 주거지가 있었던 카이로의 거리 부근. 현재의 모습.

1697년 『비블리오테크 오리엔탈(Bibliothèque Oriental)』이라는 동방 백과사전 같은 저작물이 출판되었다. 이 저작물의 편집을 이어받아 세상에 내보낸 것이 바로 갈랑이었다. 이 저작물의 서문에서 갈랑은 "유럽이 이 정도까지 이슬람 세계에 관심을 가지는 것은 그 지방에는 풍요로운 문명이 있기 때문이다. 이슬람 세계가 우리에게 거의 관심을 보이지 않는 것은 자신들의 문명이 너무나도 우수하기에 자급자족이 가능하기 때문이다"라는 의미의 문장을 적었다. 이 시대에는 아라비안나이트에 자극을 받아 차례로 동양풍 작품이 집필되었다.

이후 유럽은 착실하게 근대화를 이루었고, 나폴레옹의 이집트 원정(1798년)으로 무력으로는 유럽이 완전히 우위에 섰다는 것이 증명되었다. 중동 이슬람 세계는 이미 이국의 느낌으로 가득한 동경의 대상이 아니게 되었고, 지배의 대상으로 새로운 의미를 가지게 된 것이다. 이것을 식민지화하려면 무력적인 우위만으로는 충분하지 않다. 더욱 상세한 사전 조사가 필요해진 것이다.

레인의 입장

이리하여 오리엔탈리즘의 제2단계가 막을 올리게 되었다. 즉 아라비안나이트를 통해 지배하려는 상대를 알려고 하는 것이다. 1838년부터 1841년에 걸쳐 영국의 레인이 번역한 아라비안나이트는 사실은 이러한 노선상에 위치했다.

여기서 단언해두는데, 레인 본인은 중동을 식민지화해야 한다는 등의 의도는 없었다. 레인은 이집트에서 오래 생활했으며, 카이로의 서민 생활을 상세하게 기록한 『이집트 풍속지』라는 훌륭한 책을 남겼다. 중동의 문물이나 관습을 자세히 알았던 레인은 아라비안나이트의 번역에 상세한 주석을 달았고, 당시 유럽인 독자에게 중동 이슬람 세계의 문화를 폭넓게 소개하려 했다. 레인이 아라비안나이트를 번역한 목적은 주로 교육상의 것이었기에, 레인판 아라비안나이트에서는 일부러 에로틱한 이야기는 삭제되어 있다. 또, 번역자 본인이 재미없다고 판단한 이야기도 포함되어 있지 않다.

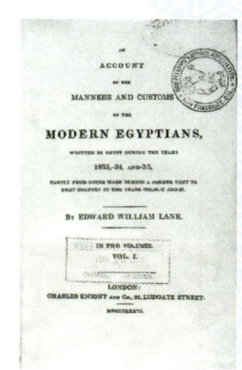

레인 저 『이집트 풍속지』

버턴과 마르두르스

레인에 이어 마찬가지로 영국의 페인이 아라비안나이트의 번역본을 출판했다. 문학적으로는 페인판 아라비안나이트의 번역이 가장 우수하다고 하는 사람도 있을 정도지만, 페인의 작업물은 그 뒤를 이은 리처드 버턴의 완역판에 의해 완전히 존재감이 희미해져 버렸다.

버턴의 번역문은 페인판을 참고한 것으로 보이는 부분이 많은데, 버턴이 한 것은 그것만이 아니다. 중동 문화를 소개한다는 의도

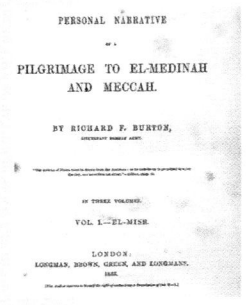

버턴 저 『메카·메디나 순례기 (Pilgrimage to Mecca and Medina)』

는 레인과 마찬가지였지만, 레인의 경우는 에로틱한 부분을 삭제했던 것에 비해 버턴은 이런 부분을 과장되게 표현했고, 원작에는 없는 문장까지 적어넣은 것이다. 이리하여 아라비안나이트에 대해 성적 방종(放縱)이라는 이미지가 확립되게 되었다.

레인과 버턴은 모두 중동 문화 소개를 시도했지만, 그 이유는 달랐다. 버턴은 확실하게 "대영제국은 인도와 아프리카의 다수의 무슬림을 품고 있으며, 그들의 문화를 이해하려면 아라비안나이트만 한 것이 없다"라는 의미의 말을 적었다. 즉, 버턴에게 아라비안나이트는 지배하기 위한 도구임을 인식하고 있었던 것이다.

버턴판 아라비안나이트는 오리엔탈리즘에 새로운 의미를 부가하게 되었다. 상상 속의 타인을 텍스트에 의해 규정하고 재생산하여 그 이미지를 현실의 타인에게 끼워 맞춤으로써 구현하는 것이다. 가상의 육체를 갖지 못한 환상의 타인을 둘러싸고 현실 세계의 역학을 전개하여 지배의 도구로서 도움이 되게 한다. 갈랑이 동방에 품었던 일방적인 동경이 텍스트를 뛰쳐나가 현실을 규정하게 된 것이었다.

이후 프랑스의 마르두르스가 아라비안나이트의 완역판을 세상에 내놓았다. 마르두르스판 아라비안나이트는 대부분이 번안이라 부를 수 있는 자유 번역이지만, 문학이라는 의미로는 눈부신 성공을 거두었다. 마르두르스판 아라비안나이트는 19세기라는 시대 배경 속에서 17세기의 오리엔탈리즘을 재현했다고도 할 수 있을 것이다. 여기서 소개되는 중동 세계는 그야말로 다른 문화에 대한 동경과 환상의 산물이라 부르기에 어울린다. 일본에서 마르두르스가 인기가 있는 것은 이 작품이 '아랍 문학'이 아닌 '프랑스 문학' 카테고리에 들어가 있는 것도 원인인 것으로 여겨진다. 문학의 이상형의 하나인 프랑스 문학에 농후한 이국적인 정서의 맛이 버무려져 있는 것이 인기의 이유가 되었다고 볼 수도 있을 것이다.

일본의 오리엔탈리즘

다음은 일본에서의 아라비안나이트와 오리엔탈리즘의 관계를 알아보자. 아라비안나이트를 일본에서 최초로 번역해 소개한 것은 나가미네 히데키(永峰秀樹)였다. 그렇다면 그는 어떤 의도로 이 이야기 모음집을 번역했던 걸까. 사실 나가미네는 "아라비안나이트는 자녀 교육에 도움이 된다"라는 의미의 글을 적었다. 나가미네에게 아라비안나이트는 아랍 문학이 아니라 근대 유럽의 문학이었다.

나가미네가 번역한 아라비안나이트는 그렇게 많이 팔리진 않은 것 같지만, 메이지 16년(1883년)에 간행이 개시된 이노우에 쓰토무(井上勤)가 번역한 아라비안나이트는 중쇄를 거듭해 수많은 사람들이 읽게 되었다. 이노우에가 아라비안나이트를 번역한 의도는 고품질의 오락문학을 제공하기 위함이었던 듯하다. 일본의 초기 아라비안나이트 번역은 중동 세계에 대한 강렬한 동경도 없었을뿐더러 이 이야기 모음집을 통해 중동 이슬람 문화를 이해하려는 움직임도 없었다 할 수 있을 것이다.

이윽고 다이쇼(大正, 일본의 연호. 1912~1926년에 해당-역주)를 거쳐 쇼와(昭和, 일본의 연호. 1926~1989년에 해당-역주) 초기에 들어가면, 서양 문화의 이식이 진행되기도 하였기에 아라비안나이트의 수용 방식에도 변화가 보이게 된다. 버턴판이 처음으로 번역된 것이 바로 이 시기이다. 오리엔탈리즘의 집대성이라고도 할 수 있는 버턴판의 번역은 일본인의 아라비안나이트관에 커다란 영향을 미치게 되었다.

'아라비안나이트'라는 키워드로 인터넷에 검색을 해보면, 무수한 풍속점(매춘 등의 성인 유흥업소-역주)이 검색될 것이다.

자 그럼, 이야기를 사이드의 '오리엔탈리즘'으로 다시 돌리도록 하자. 사이드가 제창하는 서양 근대의 오리엔탈리즘이란 "일방적이며 차별적인 타인 규정에 의해 대상물을 표상하고, 현실적 지배의 도구로서 이용하는 것"이었다. 일본의 경우, 버턴판 등을 통해 이식된 서양 근대식 오리엔탈리즘이 중동으로

에도 시대 말기의 낙타 전단지(국립 민족학박물관 소장).

향하는 일은 없었다. 역사적, 문화적인 관계가 희박한 것을 고려하면 지극히 당연한 결과이다. 그럼, 근대 일본이 오리엔탈리즘의 대상으로 삼은 상대는 무엇이었을까. 그것은 첫 번째로 중국이며, 두 번째는 그 외의 아시아 국가들이었다.

단, 유럽과 중동 이슬람과의 역사적인 관계를 일본과 중국의 그것으로 치환할 수는 없다. 사이드는 지적하지 않았지만, 유럽인들에게 오리엔탈리즘이란 중동을 통해 보이는 자기상을 확인하기 위한 맞거울로서 기능한 것이다. 즉, 근대 유럽은 오리엔탈리즘이라는 필터를 통함으로써 자기규정을 진행했다고 표현하는 것도 가능하다. 따라서 중국을 대상으로 한 일본의 오리엔탈리즘은 형식적인 메커니즘을 모방한 것에 불과하며, 기본적으로는 '(때로는 차별적인) 이국에 대한 동경'의 범주에 머물러 있는 것이었다 할 수 있을 것이다. 이런 경향은 지금도 계속되고 있다.

이노우에 쓰토무(井上勤) 역 『전 세계 일대기서』

오오바 마사후미(大場正史) 역 『버턴판 천야일야 이야기』(가와데쇼보[河出書房], 1967년)

아라비안나이트의 이미지

오랜 세월에 걸쳐 중국과 일본이 문화적 교류를 이어오는 동안, 중국 문화는 일방적인 우위성을 지니고 있었다. 하지만 메이지, 다이쇼로 시대가 새로워짐에 따라 일본에서는 서양 문화 이식이 진행되어 중국 문화에 대한 시선에도 변화가 나타났다. 일방적인 칭찬과 추종이 아니라 현실의 모습을 안 상태에서 '환상 저 너머의 타인'에 대한 동경이 탄생한 것이다. 다니자키 준이치로(谷崎潤一郎)의 일련의 중국풍 소설 등이 이 노선상에 있다. 이러한 움직임은 형태를 바꾸어 중국 침략이라는 착오의 길을 걷는 일도 있었다. 중국에 대한 경우와는 조금 사정이 다르지만, 조선반도의 식민지화에도 오리엔탈리즘적 설명이 많이 이용되었다.

다니자키는 아라비안나이트의 이국적인 느낌에 푹 빠져 있었다. 그의 작품에는 "아라비아 야화의 한 구절에도 비할 만한 이야기임을…"이라는 표현도 있다. 다니자키의 이문화 동경은 중국과 인도를 향해 있었으나, 그 또한 서양 문학으로서 번역된 아라비안나이트가 전하는 메시지에 사로잡혀 있었다. 이러한 속박은 아직도 풀리지 않았다. "아라비안나이트를 연상케 하는 신비한 세계", "아라비안나이트를 방불케 하는 에로티시즘" 같은 비유는 누구나가 한 번쯤은 본 적이 있을 것이다.

근대 일본은 서양을 통해 아라비안나이트를 수용했다. 중동 세계와 직접적인 교섭이 거의 없었던 점을 고려하면, 이것은 당연한 수순이었다. 하지만 이 과정을 통해 일본인 독자는 근대 유럽이 중동 이슬람 세계에 대해 품었던 특수한 시점까지 공유하게 된 것이다. 그 한편으로, 근대 유럽이 만든 오리엔탈리즘의 복잡한 메커니즘을 공유하는 일은 없었다. 따라서 중동 이슬람 세계에 대한 이미지는 어디까지나 표면적인 환상의 테두리 안에 머물러 있었다고 할 수 있을 것이다.

　아라비안나이트에는 문학 작품으로서의 일면도 있지만, 이 이야기 모음집의 부수적인 이미지 중에는 특수한 시대 배경하에 창작된 것도 있다는 것을 잊지 않았으면 한다.

리딩 가이드
Reading Guide

번역서

유럽에서는 갈랑의 프랑스어 번역에 이어 다양한 아라비안나이트 번역서가 출판되었다. 프랑스에서는 지금도 갈랑판이 읽히고 있는데, 일본어로 번역된 것은 극히 일부에 불과하다. 『천야일야 이야기―갈랑판 바벨의 도서관(24)(千夜一夜物語―ガラン版 バベルの圖書館[24])』에는 알라딘 외에도 한 편이 수록되어 있다.

메이지 이후에는 수많은 번역서가 나왔지만, 현재는 리처드 버턴판이 잘 알려져 있다. 버턴판의 완역판은 가와데쇼보에서 오오바 마사후미 역 『천야일야 이야기(千夜一夜物語)』로 간행되어 수많은 독자를 모았다. 어린 시절 집의 책장에 있던 가와데쇼보판을 두근거리며 읽은 경험을 지닌 독자도 많지 않을까. 이 전집이 품절된 후에는 『버턴판 천야일야 이야기(バートン版 千夜一夜物語)』(지쿠마분코[ちくま文庫])로 문고판의 형태로 간행되었다.

또한 고서이긴 하지만 버턴 본인에 관한 것은 후지노 유키오(藤野幸雄)의 『탐험가 리처드 버튼(探險家 リジャード・バートン)』(신초센쇼[新潮選書])이라는 전기가 있다.

프랑스어에서 번역된 마르두르스판 『천일야 이야기(千一夜物語)』

(이와나미분코[岩波文庫])는 품절됐지만 고서로서 유통되고 있으며 입수하기가 그리 어렵지는 않다. 단, 마르두르스판에는 번안의 범위를 넘는 가필 부분이 있어서 아라비안나이트의 번역서로의 자료적 가치는 낮다.

아라비안나이트의 원전에서 일본어로 번역한 것으로는 마에지마 신지(前嶋信次)·이케다 오사무(池田修)에 의한 것이 헤이본샤(平凡社)에서 도요분코로 출판되어 있다. 이 전집은 버턴이 원본으로 사용한 캘커타 제2판에 근거한 것이며, 유명한 알라딘과 알리바바의 이야기도 별권의 형태로 수록되어 있다. 세계적으로 보아도 아랍어 원본을 번역한 것은 드물기에, 도요분코의 『아라비안나이트』를 읽은 일본 독자는 큰 혜택을 받았다고도 할 수 있을 것이다.

아라비안나이트는 굉장히 긴 이야기 모음집이기 때문에 전편을 모두 읽으려면 상당한 끈기가 필요하다. 그러한 경우에는 아동용으로 편집된 것을 읽고 전체의 분위기를 파악하는 것도 좋을 것이다. 『아라비안나이트(アラビアン·ナイト)』(후쿠인칸쇼텐[福音館書店])에는 알라딘, 알리바바 등 유명한 것들 외에도 갈랑판에 수록된 「코다다드와 형제들의 이야기(コダダードと兄弟たちの物語)」가 수록되어 있다. 『아라비안나이트(상·하)(アラビアン·ナイト[上·下])』(이와나미쇼넨분코[岩波少年文庫])는 갈랑판을 기초로 아동용으로 편집한 것이다. 이 외에도 고단샤(講談社)의 파랑새문고(青い鳥文庫)에도 『아라비안나이트』가 들어 있다. 이것은 아랍어에서 번역한 것으로, 아랍 세계에서 자주 읽히는 일반용 모음집에서 고른 것이다.

안내서·연구서

아라비안나이트 전반에 관한 안내서로는 마에지마 신지가 쓴『아라비안나이트의 세계(アラビアンナイトの世界)』(헤이본샤[平凡社]),『천야일야 이야기와 중동 문화(千夜一夜物語と中東文化)』(헤이본샤[平凡社]), 로버트 어윈의『필수 휴대 아라비안나이트(必携アラビアンナイト)』(헤이본샤[平凡社]) 등이 있다. 모두 다 흥미로운 화제로 가득하므로 아라비안나이트에 흥미가 생긴 독자라면 한번 읽어보기를 권하고 싶다. 쉬운 입문서로는 야지마 후미오(矢島文夫)의『아라비안나이트 99개의 수수께끼(アラビアンナイトの99の謎)』(PHP분코[PHP文庫])가 있다. 이 책에는 이 커다란 이야기 모음집의 주된 토픽이 간결하게 정리되어 있다. 안내서라기보다는 다이제스트지만, 아토다 다카시(阿刀田高)의『아라비안나이트를 즐기기 위해(アラビアンナイトを楽しむために)』(신초샤[新潮社])도 간단한 입문서가 된다.

약간 전문적이 되겠지만, 아라비안나이트의 여러 사본에 관한 연구서로는 무흐신 마흐디의『The Thousand and One Nights』(E. J. Brill)가 있다. 이 책에는 갈랑이 번역에 사용한 것으로 보이는 사본 계통에 관해서도 자세히 기재되어 있으며, 현재의 아라비안나이트 연구의 기본 문헌이 되어 있다.

마흐디는 갈랑이 사용했다고 여겨지는 사본을 교정해 원형에 가장 가까운 것으로 여겨지는 아라비안나이트를 아랍어로 출판했다. 이 마흐디판 아라비안나이트를 영어로 번역한 것이 후세인 하다위(Husain Haddawy)의『The Arabian Nights』(Everyman's Library)이다. 이 책에는 최초의 200야 남짓이 수록되어 있으며, 현재의 연구에 의하면 이 형태가 원래의 아라비안나이트에 가장 가까운 것으로 여겨지고 있다. 최신 아라비안나이트 연구 성과로서 이 책의 일본어 번역을 기대한다.

이슬람과 아랍에 대하여

중세 이슬람 세계의 문화에 관해서는 『이슬람 기술의 역사(イスラム技術の歷史)』(헤이본샤[平凡社])가 있다. 이 책에서는 건축, 토목, 화학, 군사, 농업, 역학 등을 시작으로 하는 황금시대의 문화에 대한 상세한 기술을 읽을 수 있다. 또, 당시의 과학 전반에 관한 것은 수많은 도판을 포함하는 『도해 과학으로 읽는 이슬람 문화(図說 科學で読むイスラム文化)』(세이도샤[青土社])로 구체적인 이미지를 파악할 수 있을 것이다.

중세 때 일세를 풍미하고 근대 서양 의학에도 지대한 영향을 미친 아라비아 의술에 관한 서적으로는 마에지마 신지의 『아라비아의 의술(アラビアの醫術)』(헤이본샤[平凡社])가 있다. 마에지마는 본초학 집안에서 태어나기도 하여 동양 의학에 조예가 깊었다. 그러한 소양을 가진 사람이기에 가능한 독자적인 시점을 보여주며, 아라비아 의술에 관련된 흥미로운 에피소드가 다수 소개되어 읽을거리로서도 즐길 수 있는 책이다.

아바스 왕조의 바그다드에서는 『지혜의 관』이라 불리던 대형 문화시설을 중심으로 고전기(고대 그리스·로마)의 작품이 차례로 아랍어

로 소개되었다. 이런 번역서를 기초로 이슬람 황금기의 문화가 개화되며, 나아가서는 르네상스로 이어진다. 이 시기를 소개한 것으로는 『NHK 스페셜 문명의 길(4) 이슬람과 십자군(NHK スペシャル 文明の道[4] イスラムと十字軍)』이 있다. 또, 다소 전문적이긴 하지만 당시의 번역 운동에 관해서는 『그리스 사상과 아라비아 문화(ギリシア 思想とアラビア文化)』(게이소쇼보[勁草書房])에 전문적으로 분석되어 있다. 일반 서적이라기보다는 전문 서적에 가까운 성격을 지녔으나, 아라비안나이트를 낳은 문화의 배경을 알 수 있다.

아라비안나이트 당시의 바그다드는 몽골의 침공에 의해 잿더미로 변했지만, 미로라고도 일컬어졌던 중세 도시의 모습을 그려보기에는 이마무라 후미아키(今村文明)의 『미궁도시 모로코를 걷다(迷宮都市モロッコを歩く)』(NTT출판[NTT出版])나 기지마 야스후미(木島安史)의 『카이로의 저택—아라비안나이트의 세계 건축 순례(カイロの邸宅 —アラビアンナイトの世界 建築巡礼)』(마루젠[丸善])가 좋을 것이다. 또한 예나 지금이나 변함없는 휴식 장소인 하맘에 관해서는 스기타 히데아키(杉田英明)의 『목욕탕으로 본 이슬람 문화(浴湯から見たイスラーム文化)』(야마카와출판사[山川出版社])가 읽기 쉽다. 중세의 바그다드나 카이로에서 펼쳐진 서민 생활의 일단을 알기 위해서는 호사카 슈지(保坂修司)의 『구걸과 이슬람(乞食とイスラーム)』(지쿠마쇼보[筑摩書房])이 있으며, 이 책에는 아랍 세계에서의 구걸과 폭력배 집단의 모습이 알기 쉽게 정리되어 있다. 아라비안나이트에서 자주 등장하는 진에 대해서는 가쓰라 노리오(桂令夫)의 『이슬람 환상 세계(イスラーム幻想世界)』(신키겐샤[新紀元社])라는 서적이 있다.

픽션이지만『필수 휴대 아라비안나이트(必携アラビアンナイト)』의 저자인 로버트 어윈에게는『아라비안 나이트메어(アラビアン・ナイトメア)』라는 소설이 있다. 연구자의 손으로 쓰인 것인 만큼 확실하게 고증되어 있으며, 중세 카이로의 분위기를 맛보기에 적합하다 할 수 있을 것이다.

일본과 중동 세계의 관계, 그리고 일본의 중동관의 성립 과정에 대해서는 스기타 히데아키의『일본인의 중동 발견(日本人の中東発見)』(도쿄대학출판사[東京大学出版社])에 자세히 적혀 있다. 그리고 일본에서의 아라비안나이트 번역 사정에 관해서는 스기타 히데아키의『아라비안나이트 번역 개시―메이지 전반기 일본으로의 이입과 그 영향―(アラビアンナイト翻訳事始―明治前期日本への移入とその影響―)』(도쿄대학 대학원 외국어연구기요 제4호[東京大学大学院 外國語研究紀要 第四号])에 상세히 기술되어 있다. 오리엔탈리즘과 일본의 관계에 대해서는 니시하라 다이스케(西原大輔)의『다니자키 준이치로와 오리엔탈리즘―다이쇼 일본의 중국 환상(谷崎潤一郎とオリエンタリズム―大正日本の中國幻想)』(주오코론신샤[中央公論新社])에 흥미로운 분석이 이루어지고 있다.

창작을 위한 자료집
AK 트리비아 시리즈

-AK TRIVIA BOOK

No. 01 도해 근접무기
오나미 아츠시 지음 | 이창협 옮김
검, 도끼, 창, 곤봉, 활 등 냉병기에 대한 개설

No. 02 도해 크툴루 신화
모리세 료 지음 | AK커뮤니케이션즈 편집부 옮김
우주적 공포인 크툴루 신화의 과거와 현재

No. 03 도해 메이드
이케가미 료타 지음 | 코트랜스 인터내셔널 옮김
영국 빅토리아 시대에 실존했던 메이드의 삶

No. 04 도해 연금술
쿠사노 타쿠미 지음 | 코트랜스 인터내셔널 옮김
'진리'를 위해 모든 것을 바친 이들의 기록

No. 05 도해 핸드웨폰
오나미 아츠시 지음 | 이창협 옮김
권총, 기관총, 머신건 등 개인 화기의 모든 것

No. 06 도해 전국무장
이케가미 료타 지음 | 이재경 옮김
무장들의 활약상, 전국시대의 일상과 생활

No. 07 도해 전투기
가와노 요시유키 지음 | 문우성 옮김
인류의 전쟁사를 바꾸어놓은 전투기를 상세 소개

No. 08 도해 특수경찰
모리 모토사다 지음 | 이재경 옮김
실제 SWAT 교관 출신의 저자가 소개하는 특수경찰

No. 09 도해 전차
오나미 아츠시 지음 | 문우성 옮김
지상전의 지배자이자 절대 강자 전차의 힘과 전술

No. 10 도해 헤비암즈
오나미 아츠시 지음 | 이재경 옮김
무반동총, 대전차 로켓 등의 압도적인 화력

No. 11 도해 밀리터리 아이템
오나미 아츠시 지음 | 이재경 옮김
군대에서 쓰이는 군장 용품을 완벽 해설

No. 12 도해 악마학
쿠사노 타쿠미 지음 | 김문광 옮김
악마학 발전 과정을 한눈에 알아볼 수 있게 구성

No. 13 도해 북유럽 신화
이케가미 료타 지음 | 김문광 옮김
북유럽 신화 세계관의 탄생부터 라그나로크까지

No. 14 도해 군함
다카하라 나루미 외 1인 지음 | 문우성 옮김
20세기 전함부터 항모, 전략 원잠까지 해설

No. 15 도해 제3제국
모리세 료 외 1인 지음 | 문우성 옮김
아돌프 히틀러 통치하의 독일 제3제국 개론서

No. 16 도해 근대마술
하니 레이 지음 | AK커뮤니케이션즈 편집부 옮김
마술의 종류와 개념, 마술사, 단체 등 심층 해설

No. 17 도해 우주선
모리세 료 외 1인 지음 | 이재경 옮김
우주선의 태동부터 발사, 비행 원리 등의 발전 과정

No. 18 도해 고대병기
미즈노 히로키 지음 | 이재경 옮김
고대병기 탄생 배경과 활약상, 계보, 작동 원리 해설

No. 19 도해 UFO
사쿠라이 신타로 지음 | 서형주 옮김
세계를 떠들썩하게 만든 UFO 사건 및 지식

No. 20 도해 식문화의 역사
다카하라 나루미 지음 | 채다인 옮김
중세 유럽을 중심으로, 음식문화의 변화를 설명

No. 21 도해 문장
신노 케이 지음 | 기미정 옮김
역사와 문화의 시대적 상징물, 문장의 발전 과정

No. 22 도해 게임이론
와타나베 타카히로 지음 | 기미정 옮김
알기 쉽고 현실에 적용할 수 있는 입문서

No. 23 도해 단위의 사전
호시다 타다히코 지음 | 문우성 옮김
세계를 바라보고, 규정하는 기준이 되는 단위

No. 24 도해 켈트 신화
이케가미 료타 지음 | 곽형준 옮김
켈트 신화의 세계관 및 전설의 주요 인물 소개

No. 25 도해 항공모함
노가미 아키토 외 1인 지음 | 오광웅 옮김
군사력의 상징이자 군사기술의 결정체, 항공모함

No. 26 도해 위스키
츠치야 마모루 지음 | 기미정 옮김
위스키의 맛을 한층 돋워주는 필수 지식이 가득

No. 27 도해 특수부대
오나미 아츠시 지음 | 오광웅 옮김
전장의 스페셜리스트 특수부대의 모든 것

No. 28 도해 서양화
다나카 쿠미코 지음 | 김상호 옮김
시대를 넘어 사랑받는 명작 84점을 해설

No. 29 도해 갑자기 그림을 잘 그리게 되는 법
나카야마 시게노부 지음 | 이연희 옮김
멋진 일러스트를 위한 투시와 원근법 초간단 스킬

No. 30 도해 사케
키기지마 사토시 지음 | 기미정 옮김
사케의 맛을 한층 더 즐길 수 있는 모든 지식

No. 31 도해 흑마술
쿠사노 타쿠미 지음 | 곽형준 옮김
역사 속에 실존했던 흑마술을 총망라

No. 32 도해 현대 지상전
도리 모토사다 지음 | 정은택 옮김
현대 지상전의 최첨단 장비와 전략, 전술

No. 33 도해 건파이트
오나미 아츠시 지음 | 송명규 옮김
영화 등에서 볼 수 있는 건 액션의 핵심 지식

No. 34 도해 마술의 역사
쿠사노 타쿠미 지음 | 김진아 옮김
마술의 발생시기와 장소, 변모 등 역사와 개요

No. 35 도해 군용 차량
노가미 아키토 지음 | 오광웅 옮김
닽은 임무에 맞추어 고안된 군용 차량의 세계

No. 36 도해 첩보·정찰 장비
사카모토 아키라 지음 | 문성호 옮김
승리의 열쇠 정보! 첩보원들의 특수장비 설명

No. 37 도해 세계의 잠수함
사카모토 아키라 지음 | 류재학 옮김
바다를 지배하는 침묵의 자객, 잠수함을 철저 해부

No. 38 도해 무녀
토키타 유스케 지음 | 송명규 옮김
한국의 무당을 비롯한 세계의 샤머니즘과 각종 종교

No. 39　**도해 세계의 미사일 로켓 병기**
사카모토 아키라 | 유병준·김성훈 옮김
ICBM과 THAAD까지 미사일의 모든 것을 해설

No. 40　**독과 약의 세계사**
후나야마 신지 지음 | 진정숙 옮김
독과 약의 역사, 그리고 우리 생활과의 관계

No. 41　**영국 메이드의 일상**
무라카미 리코 지음 | 조아라 옮김
빅토리아 시대의 아이콘 메이드의 일과 생활

No. 42　**영국 집사의 일상**
무라카미 리코 지음 | 기미정 옮김
집사로 대표되는 남성 상급 사용인의 모든 것

No. 43　**중세 유럽의 생활**
가와하라 아쓰 외 1인 지음 | 남지연 옮김
중세의 신분 중 「일하는 자」의 일상생활

No. 44　**세계의 군복**
사카모토 아키라 지음 | 진정숙 옮김
형태와 기능미가 절묘하게 융합된 군복의 매력

No. 45　**세계의 보병장비**
사카모토 아키라 지음 | 이상언 옮김
군에 있어 가장 기본이 되는 보병이 지닌 장비

No. 46　**해적의 세계사**
모모이 지로 지음 | 김효진 옮김
다양한 해적들이 세계사에 남긴 발자취

No. 47　**닌자의 세계**
야마키타 아츠시 지음 | 송명규 옮김
온갖 지혜를 짜낸 닌자의 궁극의 도구와 인술

No. 48　**스나이퍼**
오나미 아츠시 지음 | 이상언 옮김
스나이퍼의 다양한 장비와 고도의 테크닉

No. 49　**중세 유럽의 문화**
이케가미 쇼타 지음 | 이은수 옮김
중세 세계관을 이루는 요소들과 실제 생활

No. 50　**기사의 세계**
이케가미 슌이치 지음 | 남지연 옮김
기사의 탄생에서 몰락까지, 파헤치는 역사의 드라마

No. 51　**영국 사교계 가이드**
무라카미 리코 지음 | 문성호 옮김
빅토리아 시대 중류 여성들의 사교 생활

No. 52　**중세 유럽의 성채 도시**
가이하쓰샤 지음 | 김진희 옮김
궁극적인 기능미의 집약체였던 성채 도시

No. 53　**마도서의 세계**
쿠사노 타쿠미 지음 | 남지연 옮김
천사와 악마의 영혼을 소환하는 마도서의 비밀

No. 54　**영국의 주택**
야마다 카요코 외 지음 | 문성호 옮김
영국 지역에 따른 각종 주택 스타일을 상세 설명

No. 55　**발효**
고이즈미 다케오 지음 | 장현주 옮김
미세한 거인들의 경이로운 세계

No. 56　**중세 유럽의 레시피**
코스트마리 사무국 슈 호카 지음 | 김효진 옮김
중세 요리에 대한 풍부한 지식과 요리법

No. 57　**알기 쉬운 인도 신화**
천축 기담 지음 | 김진희 옮김
강렬한 개성이 충돌하는 무아와 혼돈의 이야기

No. 58　**방어구의 역사**
다카히라 나루미 지음 | 남지연 옮김
방어구의 역사적 변천과 특색·재질·기능을 망라

No. 59　**마녀 사냥**
모리시마 쓰네오 지음 | 김진희 옮김
르네상스 시대에 휘몰아친 '마녀사냥'의 광풍

No. 60　**노예선의 세계사**
후루가와 마사히로 지음 | 김효진 옮김
400년 남짓 대서양에서 자행된 노예무역

No. 61   말의 세계사
모토무라 료지 지음 | 김효진 옮김
역사로 보는 인간과 말의 관계

No. 62   달은 대단하다
사이키 가즈토 지음 | 김효진 옮김
우주를 향한 인류의 대항해 시대

No. 63   바다의 패권 400년사
다케다 이사미 지음 | 김진희 옮김
17세기에 시작된 해양 패권 다툼의 역사

No. 64   영국 빅토리아 시대의 라이프 스타일
Cha Tea 홍차 교실 지음 | 문성호 옮김
영국 빅토리아 시대 중산계급 여성들의 생활

No. 65   영국 귀족의 영애
무라카미 리코 지음 | 문성호 옮김
영애가 누렸던 화려한 일상과 그 이면의 현실

No. 66   쾌락주의 철학
시부사와 다쓰히코 지음 | 김수희 옮김
쾌락주의적 삶을 향한 고찰과 실천

No. 67   에로만화 스터디즈
나가야마 카오루 지음 | 선정우 옮김
에로만화의 역사와 주요 장르를 망라

No. 68   영국 인테리어의 역사
트레버 요크 지음 | 김효진 옮김
500년에 걸친 영국 인테리어 스타일

No. 69   과학실험 의학 사전
아루마 지로 지음 | 김효진 옮김
기상천외한 의학계의 흑역사 완전 공개

No. 70   영국 상류계급의 문화
아라이 메구미 지음 | 김정희 옮김
어퍼 클래스 사람들의 인상과 그 실상

No. 71   비밀결사 수첩
시부사와 다쓰히코 지음 | 김수희 옮김
역사의 그림자 속에서 활동해온 비밀결사

No. 72   영국 빅토리아 여왕과 귀족 문화
무라카미 리코 지음 | 문성호 옮김
대영제국의 황금기를 이끌었던 여성 군주

No. 73   미즈키 시게루의 일본 현대사 1~4
미즈키 시게루 지음 | 김진희 옮김
서민의 눈으로 바라보는 격동의 일본 현대사

No. 74   전쟁과 군복의 역사
쓰지모토 요시후미 지음 | 김효진 옮김
동부한 일러스트로 살펴보는 군복의 변천

No. 75   흑마술 수첩
시부사와 다쓰히코 지음 | 김수희 옮김
악마들이 도사리는 오컬티즘의 다양한 세계

No. 76   세계 괴이 사전 현대편
아사자토 이츠키 지음 | 현정수 옮김
세계 지역별로 수록된 방대한 괴담집

No. 77   세계의 악녀 이야기
시부사와 다쓰히코 지음 | 김수희 옮김
악녀의 본성과 악의 본질을 파고드는 명저

No. 78   독약 수첩
시부사와 다쓰히코 지음 | 김수희 옮김
역사 속 에피소드로 살펴보는 독약의 문화사

No. 79   미즈키 시게루의 히틀러 전기
미즈키 시게루 지음 | 김진희 옮김
거장이 그려내는 히틀러 56년의 생애

No. 80   이치로 사고
그다마 미쓰오 지음 | 김진희 옮김
역경을 넘어서는 일류의 자기관리

No. 81   어떻게든 되겠지
우치다 다쓰루 지음 | 김경원 옮김
우치다 다쓰루의 '자기다움'을 위한 인생 안내

No. 82   태양왕 루이 14세
사사키 마코토 지음 | 김효진 옮김
루이 14세의 알려지지 않은 실상을 담은 평전

No. 83　이탈리아 과자 대백과
사토 레이코 지음 ｜ 김효진 옮김
전통과 현대를 아우르는 이탈리아 명과 107선

No. 84　유럽의 문장 이야기
모리 마모루 지음 ｜ 서수지 옮김
유럽 문장의 판별법과 역사를 이해

No. 85　중세 기사의 전투기술
제이 에릭 노이즈, 마루야마 무쿠 지음 ｜ 김정규 옮김
검술 사진으로 알아보는 기사의 전투 기술

No. 86　서양 드레스 도감
리디아 에드워즈 지음 ｜ 김효진, 이지은 옮김
유럽 복식사 500년을 장식한 드레스

No. 87　발레 용어 사전
도미나가 아키코 지음 ｜ 김효진 옮김
일러스트를 곁들여 흥미롭게 들려주는 발레 이야기

No. 88　세계 괴이 사전 전설편
에이토에후 지음 ｜ 현정수 옮김
세계 곳곳에서 전해지는 신비한 전설!

No. 89　중국 복식사 도감
류융화 지음 ｜ 김효진 옮김
중국 복식의 역사를 한 권에 담은 최고의 입문서!

No. 90　삼색 고양이 모부는 캔 부자가 되고 싶어
쿠로야마 캐시 램 지음 ｜ 조아라 옮김
독립적인 고양이를 향한 모부의 도전 이야기

No. 91　마녀의 역사
Future Publishing 지음 ｜ 강영준 옮김
풍부한 자료로 알아보는 마녀의 어두운 진실!

No. 92　스타워즈 라이트세이버 컬렉션
대니얼 윌리스 지음 ｜ 권윤경 옮김
전설의 무기 라이트세이버의 장대한 역사

No. 93　페르시아 신화
오카다 에미코 지음 ｜ 김진희 옮김
인간적인 면이 돋보이는 페르시아 신화의 전모

No. 94　스튜디오 지브리의 현장
스즈키 도시오 지음 ｜ 문혜란 옮김
프로듀서 스즈키 도시오가 공개하는 지브리의 궤적

No. 95　영국의 여왕과 공주
Cha Tea 홍차 교실 지음 ｜ 김효진 옮김
영국 왕실의 초석을 쌓은 여성들의 22가지 이야기

No. 96　전홍식 관장의 판타지 도서관
전홍식 지음
판타지의 거의 모든 것을 살펴보는 방대한 자료

No. 97　주술의 세계
Future Publishing 지음 ｜ 강영준 옮김
다양한 시각 자료로 알아보는 주술의 역사와 이론

No. 98　메소포타미아 신화
야지마 후미오 지음 ｜ 김정희 옮김
인류에게 많은 유산을 남긴 최초의 문명 이야기

No. 99　일러스트 공룡 대백과
G. Masukawa 지음 ｜ 김효진 옮김
풍부한 일러스트로 공룡의 이모저모를 완전 해부.

No. 100　고대 로마 글래디에이터의 세계
스티븐 위즈덤 지음 ｜ 문성호 옮김
로마 검투사의 실제 일상과 훈련, 장비 등을 상세 해설.

No. 101　우에다 신의 도해 한국전쟁
우에다 신 지음 ｜ 강영준 옮김
한국전쟁 참전국들의 병기를 치밀한 일러스트로 소개.

No. 102　총기 대전
가노 요시노리 지음 ｜ 오광웅 옮김
과학의 시점에서 파고드는 총의 본질

No. 103 연금술
요시무라 마사카즈 지음 | 김진희 옮김
중세 과학, 문학, 예술에 큰 영향을 준 연금술의 역사

No. 104 우에다 신의 도해 중동전쟁
우에다 신 지음 | 강영준 옮김
중동전쟁에 동원된 병기를 일러스트로 해설

-AK TRIVIA SPECIAL

환상 네이밍 사전
신키겐샤 편집부 지음 | 유진원 옮김
의미 있는 네이밍을 위한 1만 3,000개 이상의 단어

중2병 대사전
노무라 마사타카 지음 | 이재경 옮김
중2병의 의미와 기원 등, 102개의 항목 해설

크툴루 신화 대사전
고토 카츠 외 1인 지음 | 곽형준 옮김
대중 문화 속에 자리 잡은 크툴루 신화의 다양한 요소

문양박물관
H. 돌메치 지음 | 이지은 옮김
세계 각지의 아름다운 문양과 장식의 정수

고대 로마군 무기・방어구・전술 대전
노무라 마사타카 외 3인 지음 | 기미정 옮김
위대한 정복자, 고대 로마군의 모든 것

도감 무기 갑옷 투구
이치카와 사다하루 외 3인 지음 | 남지연 옮김
무기의 기원과 발전을 파헤친 궁극의 군장도감

중세 유럽의 무술, 속 중세 유럽의 무술
오사다 류타 지음 | 남유리 옮김
중세 유럽~르네상스 시대에 활약했던 검술과 격투술

최신 군용 총기 사전
토코이 마사미 지음 | 오광웅 옮김
세계 각국의 현용 군용 총기를 총망라

초패미컴, 초초패미컴
타네 키요시 외 2인 지음 | 문성호 외 1인 옮김
100여 개의 작품에 대한 리뷰를 담은 영구 소장판

초쿠소게 1,2
타네 키요시 외 2인 지음 | 문성호 옮김
망작 게임들의 숨겨진 매력을 재조명

초에로게, 초에로게 하드코어
타네 키요시 외 2인 지음 | 이은수 옮김
엄격한 심사(?!)를 통해 선정된 '명작 에로게'

세계의 전투식량을 먹어보다
키쿠즈키 토시유키 지음 | 오광웅 옮김
전투식량에 관련된 궁금증을 한 권으로 해결

세계장식도 1, 2
오귀스트 라시네 지음 | 이지은 옮김
공예 미술계 불후의 명작을 농축한 한 권

서양 건축의 역사
사토 다쓰키 지음 | 조민경 옮김
서양 건축의 다양한 양식들을 알기 쉽게 해설

세계의 건축
코우다 미노루 외 1인 지음 | 조민경 옮김
세밀한 선화로 표현한 고품격 건축 일러스트 자료집

지중해가 낳은 천재 건축가 -안토니오 가우디
이리에 마사유키 지음 | 김진아 옮김
천재 건축가 가우디의 인생, 그리고 작품

민족의상 1,2
오귀스트 라시네 지음 | 이지은 옮김
시대가 흘렀음에도 화려하고 기품 있는 색감

중세 유럽의 복장
오귀스트 라시네 지음 | 이지은 옮김
특색과 문화가 담긴 고품격 유럽 민족의상 자료집

그림과 사진으로 풀어보는
이상한 나라의 앨리스
구와바라 시게오 지음 | 조민경 옮김
매혹적인 원더랜드의 논리를 완전 해설

그림과 사진으로 풀어보는 알프스 소녀 하이디
지바 가오리 외 지음 | 남지연 옮김
하이디를 통해 살펴보는 19세기 유럽사

영국 귀족의 생활
다나카 료조 지음 | 김상호 옮김
화려함과 고상함의 이면에 자리 잡은 책임과 무게

요리 도감
오치 도요코 지음 | 김세원 옮김
부모가 자식에게 조곤조곤 알려주는 요리 조언집

사육 재배 도감
아라사와 시게오 지음 | 김민영 옮김
동물과 식물을 스스로 키워보기 위한 알찬 조언

식물은 대단하다
다나카 오사무 지음 | 남지연 옮김
우리 주변의 식물들이 지닌 놀라운 힘

그림과 사진으로 풀어보는 마녀의 약초상자
니시무라 유코 지음 | 김상호 옮김
「약초」라는 키워드로 마녀의 비밀을 추적

초콜릿 세계사
다케다 나오코 지음 | 이지은 옮김
신비의 약이 연인 사이의 선물로 자리 잡기까지

초콜릿어 사전
Dolcerica 가가와 리카코 지음 | 이지은 옮김
사랑스러운 일러스트로 보는 초콜릿의 매력

판타지세계 용어사전
고타니 마리 감수 | 전홍식 옮김
세계 각국의 신화, 전설, 역사 속의 용어들을 해설

세계사 만물사전
헤이본샤 편집부 지음 | 남지연 옮김
역사를 장식한 각종 사물 약 3,000점의 유래와 역사

고대 격투기
오사다 류타 지음 | 남지연 옮김
고대 지중해 세계 격투기와 무기 전투술 총망라

에로 만화 표현사
키미 리토 지음 | 문성호 옮김
에로 만화에 학문적으로 접근하여 자세히 분석

크툴루 신화 대사전
히가시 마사오 지음 | 전홍식 옮김
러브크래프트의 문학 세계와 문화사적 배경 망라

아리스가와 아리스의 밀실 대도감
아리스가와 아리스 지음 | 김효진 옮김
신기한 밀실의 세계로 초대하는 41개의 밀실 트릭

연표로 보는 과학사 400년
고야마 게타 지음 | 김진희 옮김
연표로 알아보는 파란만장한 과학사 여행 가이드

제2차 세계대전 독일 전차
우에다 신 지음 | 오광웅 옮김
풍부한 일러스트로 살펴보는 독일 전차

구로사와 아키라 자서전 비슷한 것
구로사와 아키라 지음 | 김경남 옮김
영화감독 구로사와 아키라의 반생을 회고한 자서전

유감스러운 병기 도감
세계 병기사 연구회 지음 | 오광웅 옮김
69종의 진기한 병기들의 깜짝 에피소드

유해초수
Toy(e) 지음 | 김정규 옮김
오리지널 세계관의 몬스터 일러스트 수록

요괴 대도감
미즈키 시게루 지음 | 김건 옮김
미즈키 시게루가 그려낸 걸작 요괴 작품집

과학실험 이과 대사전
야쿠리 교시쓰 지음 | 김효진 옮김
다양한 분야를 아우르는 궁극의 지식탐험!

과학실험 공작 사전
야쿠리 교시쓰 지음 | 김효진 옮김
공작이 지닌 궁극의 가능성과 재미!

크툴루 님이 엄청 대충 가르쳐주시는 크툴루 신화 용어사전
우미노 나마코 지음 | 김정규 옮김
크툴루 신화 신들의 귀여운 일러스트가 한가득

고대 로마 군단의 장비와 전술
오사다 류타 지음 | 김진희 옮김
로마를 세계의 수도로 끌어올린 원동력

제2차 세계대전 군장 도감
우에다 신 지음 | 오광웅 옮김
각 병종에 따른 군장들을 상세하게 소개

음양사 해부도감
가와이 쇼코 지음 | 강영준 옮김
과학자이자 주술사였던 음양사의 진정한 모습

미즈키 시게루의 라바울 전기
미즈키 시게루 지음 | 김효진 옮김
미즈키 시게루의 귀중한 라바울 전투 체험담

산괴 1~3
다나카 야스히로 지음 | 김수희 옮김
산에 얽힌 불가사의하고 근원적인 두려움

초 슈퍼 패미컴
타네 키요시 외 2명 지음 | 문성호 옮김
역사에 남는 게임들의 발자취와 추억

아라비안나이트

초판 1쇄 인쇄 2025년 9월 10일
초판 1쇄 발행 2025년 9월 15일

저자 : 니시오 테츠오
번역 : 문성호

펴낸이 : 이동섭
편집 : 이민규
디자인 : 조세연
기획·편집 : 송정환, 박소진
영업·마케팅 : 조정훈
e-BOOK : 홍인표, 김은혜, 정희철, 김유빈
라이츠 : 서찬웅, 서유림
관리 : 이윤미

㈜에이케이커뮤니케이션즈
등록 1996년 7월 9일(제302-1996-00026호)
주소 : 08513 서울특별시 금천구 디지털로 178, B동 1805호
TEL : 02-702-7963~5 FAX : 0303-3440-2024
http://www.amusementkorea.co.kr

ISBN 979-11-274-9397-4 03900

ZUSETSU ARABIAN NIGHT by Tetsuo Nishio
©2014 Tetsuo Nishio
All rights reserved
Original Japanese edition published in 2014 by KAWADE SHOBO SHINSHA Ltd. Publishers, TOKYO
Korean translation rights arranged with AK Communications

이 책의 한국어판 저작권은 일본 KAWADE SHOBO SHINSHA와의 독점계약으로
㈜에이케이커뮤니케이션즈에 있습니다.
저작권법에 의해 한국 내에서 보호를 받는 저작물이므로 무단전재와 무단복제를 금합니다.

*잘못된 책은 구입한 곳에서 무료로 바꿔드립니다.